风水

汇集中国历代大师、风水典籍的实用风水精华

一帆风顺

罗盘

经天纬地的罗盘是堪舆风水的必备工具

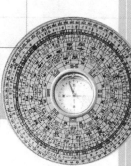

初年祸福天时验，日久方知地有权

历代趋吉避凶，求财纳福必看的择吉书

图注增补玉匣记

传统数术名家精粹

一叶知秋、一针见血、胸罗千载、面转乾坤

（晋）许真人◎著

杨金国◎点校

刘保同◎主编

内蒙古人民出版社

　　炎帝陵：炎帝神农氏，是我国上古时代杰出的部落首领，农耕文化的创始人。炎帝陵殿位于炎陵山西麓，建筑沿南北纵轴线均衡对称布局，依山傍水，座北朝南，红墙黄瓦，古木参天，庄严肃穆，气势尊贵。

图书在版编目(CIP)数据

增补玉匣记/(晋)许真人著.－呼和浩特:内蒙古人民
出版社,2010.5(2023.2重印)
(传统数术名家精粹/刘保同主编)
ISBN 978-7-204-10505-2

Ⅰ.①增… Ⅱ.①许… Ⅲ.①命书-中国-晋代
Ⅳ.①B992.4

中国版本图书馆 CIP 数据核字(2010)第 090338 号

传统数术名家精粹

增补玉匣记

(晋)许真人 著

责任编辑 王继雄
封面设计 宋双成
出版发行 内蒙古人民出版社
地　址 呼和浩特市中山东路 8 号波士名人国际 B 座 5 层
印　刷 呼和浩特市圣堂彩印有限责任公司
开　本 710×1000　1/16
印　张 16
字　数 220 千字
版　次 2010 年 12 月第 1 版
印　次 2023 年 2 月第 8 次印刷
书　号 ISBN 978-7-204-10505-2
定　价 29.80 元

如出现印装质量问题,请与我社联系。

联系电话:(0471)3946120　3946173

出版前言

五千年的文化长河中，有一支渊源流长，而且历代备受推崇，充满神秘色彩的术数文化，一直是中华传统国学文化的重要组成部分。在我国历史的社会生活中占有很重要的位置，对中华民族的和谐发展有着不可磨灭的贡献，它所包含的内容体系博大精深，大至宇宙天地，小至一草一木，上至治国安邦，下至百姓生活。

术数，亦称"数术"，是中国古人用华夏民族特有的思维方式和符号体系（阴阳，五行，八卦，九宫，天干，地支）来探究自然的一种学术，从广义来说，包括天文、历法、地理、中医、数学等自然科学；从狭义来说，主要是预测吉凶的方法，如卦理、地理、命理、相理等预测学。

术数是中国古代哲学的发源地，以易经八卦阴阳五行的生克制化为主要理论，来推测自然、社会、人事的吉凶休咎，属于《周易》研究范畴的一大主流支派，其理深奥莫测，其义博大精深。

天人合一，阴阳调和，人与自然的和谐相处，这是中国术数的理论核心，尤其在术数的风水学上可谓发挥得淋漓尽致。风水作为中国独有的，以天人合一阴阳调和为核心的哲学思想产物，是祖先由实践积累起来的经验，所形成的人居环境选择优化的实用方法，而这也正是中国几千年来思想沉淀的精髓，我们要传承的部分。术数应用于人与事，可以趋吉避凶，在某些特定的条件下达到了一种不可思议的准确度。术数是一门实用学，一门经验学，取之于经验，用之于实践，具有独特的作用，在某些方面甚至是

中国传统术数总集 第一辑

不能代替和超越的。从而达到优化自然，改造环境（如风水等），提升自我，完善人生（如相理、命理等），造福家庭，和谐社会，探索和了解现有存在现象的未知领域，甚至还可以开启科学未知之门。

我们肯定术数在人类生存发展过程中的积极作用，但也不可对术数的作用无限地夸大，并掺杂个人功利目的。中国传统文化日渐式微，而术数作为一种倍受争议的学术更是沦为边沿学科，作为中华民族的子孙，我们每个人都有责任去了解它，学习它，发扬它。回首我与中国传统术数文化的缘分，回想我走上术数研究、应用的人生道路，感慨万千。让古老的术数文化福佑天下百姓，福惠千家万户，造福子孙后代的心愿时时在我的心中生荡漾，产生了我人生为之而奋斗的精神力量。传承和发展，任重而道远，路漫漫其修远兮，吾将上下而追寻。感念我数十年生根于心中的这个愿望，也正是这个愿望陪伴着我走过坎坷，走向辉煌。也由于这种愿望，我和我的同仁们在学习、研究中完成了这套书的的点校编写工作。由于世间仓促和本人水平所限，在成书之际，难免会存在一些问题，在此，欢迎各界朋友和业界同仁望能及时反馈联系，以利再版修订完善，在此表示感谢。

愿博大精深的中国术数，能够为你带来吉祥；愿国学经典术数著作，为你打开新的人生之门！

（学术交流及信息反馈：杨老师 **QQ**：408968168）

目 录

中国传统术数总集 第一辑

增补玉匣记 上卷 (1)

理论择吉日篇

择日之法多端，其目的都为趋吉避凶，获得吉祥幸福。本书所讲的各种吉凶日，都是古人根据各类神煞运行出没的规律，运用一定的方法推导出来的，所以称为"理论择吉日篇"。

择吉术从术数家们的枕中鸿秘逐渐演变为民间习俗，给人们日常生活大小事，提供简明易知的吉、凶、宜、忌指导。择吉术的发展是一个漫长的过程的。市面上的多种择吉书，乍一看似乎光怪陆离、荒诞不经，其实内在中却有一番古人的的哲学道理可论。诸般吉凶宜忌之说，并非术数家们的随意杜撰和信口胡言，而是根据一定的理论推出来的。其理论大略可分为：

一、天地之间有许多种煞，其性情有善有恶，或善恶兼具。

二、这些神煞会干预、左右人间事务，而其能力有大小强弱之别。

三、诸神煞各自按照自身的行动规律轮流"值日"，处理人间事务。

四、一年之内，每日都有若干不同的神煞当值，而该日行事之吉凶，即由诸当值神煞相互作用，或冲突或合化，或牵制或平衡，最后综合决定吉凶。

由此可知，择吉之学，要点不过两端：一为掌握各种神煞的运行规律，排出一年之中各日的当值神煞。二为依据各种神煞的当值情况，综合判断各日的吉凶宜忌。

中国择吉学已流传几千年，期间各家各派不断涌现，各说其是，真伪共存。因此，我们研究择吉法，要保持一个原则，就是尽力探求"真实"与"合理"，要探求真正的吉日良辰，不要迷信于一些无稽神煞。以免人们所选之日，吉非真吉，而所忌的日时，又凶非真凶，将真正的黄道吉日遗漏了，这岂不违背人们选择的宗旨？在此，趋吉避凶的方法，我们还是要作一番了解。

我们运用择吉的方法，在最适当的时机，把自己放在最适当的地方，去做最正确的事。"先避凶、后趋吉"，从而达到趋吉避凶，择吉纳福的目的。

许真君《玉匣记》日期

许真君见世人作福酬愿，拜表上章天神，设坛祈福消灾，但是结果或吉或凶，作福作祸。有人家祈禳反生灾祸、破败子孙者，此事不知为何？真君考天曹档案内简簿看之，盖因凡师一般只取五福利者超荐先祖，六甲在日，不知六甲旬中，天曜或在地府，或在人间，致令受生殃祸。真君遂一一录之，名之曰《玉匣记》，付于国师道士奏：闻见其祸福，其法不问天隔、地隔、神隔、鬼隔，看此六甲旬中，自然并知吉凶也。

甲子、乙丑日 诸神在地，若人建醮还兑，求男乞女祈福者，受福十倍，计都星在天上受福，若人作福，大吉兆也。

丙寅日 诸神在天，若人求福还愿，会祀山川，召魂代命，反受其殃。如用此日作福，大凶。

丁卯、戊辰、己巳日 诸神在地，若人求福，拜表祭祀，召魂代命设醮，求男乞女，度厄拜章，收福十倍。用此三日，大吉利。

庚午、辛未日　诸神在天曹辇石下，在地府，若人求福，祭祀还愿，奏章拜表，主人疾厄，大凶。

壬申日　诸神在天，止于地府，若人求福祭祀，上表拜章，求男乞女，收福十倍，大吉。

癸酉日　祭祀河伯水宫，用之大吉，其余求福者凶。

甲戌、乙亥日　诸神在天，不在人间、地府，若人求福，门首立愿，即得神下，却去其殃，其门首用辰时祭则吉。

丙子、丁丑、戊寅日　诸神在天，曹运上门，西河辇运砂直岸，若人求福，反招横祸，及损人口。此三日大凶。

己卯、庚辰日　诸神下地府，若人求福，利益子孙，荣华富贵，此日天释生日，得四十四日大吉。

辛巳日　诸神在天门，作运河石土堵二三日，在彼不惜辛苦，若人求福，主死亡，子孙三代穷乏逃散，招官事口舌，大凶。

壬午、癸未日　诸神在天，若人求福。主待二年后，主人死，田蚕不收，口舌官事。不可祭祀，令人落水及风火之灾，大凶。

甲申、乙酉日　诸神在天，降卜地府、人间，若人求福，祭祀还愿，上表拜章，答谢天地，祈禳灾厄，收福卜倍。此二日大利。

丙戌、丁亥日　诸神恁天，降下地府、人间，若人求福祭祀，酬恩了愿，上表拜章，获福无量功德，大吉庆也。

戊子、己丑日　诸神在人间、地府，若人求福祭祀，酬恩了愿，大吉。若此日咒诅，大凶，释解不得。

庚寅日　诸神在天，会算簿案，求福祭祀，笺奏了愿，损师人，大凶。

辛卯日　诸神在地府，若人立愿招魂代命，设荐先亡，用之平平。

壬辰、癸巳日　诸神在天，系使元时勘会生死文簿，若人求福祭祀，反生疾病，损邻舍，伤师人，大凶。

中国传统术数总集 第一辑

甲午日 诸神普降人间，若人求福，上章进表，补谢五土社官，许福表忏，注生真君，其日收福十倍，利益子孙，上吉大利。

乙未日 诸神在天，若人作福，必得小吉。

丙申、丁酉、戊戌日 诸神在天，侍玉帝殿前。造合生死文簿，注天上天下万民善恶，求福，主大凶。

己亥日 诸神在天，从玉帝差降人间、地府。求福祭祀，上表章召魂，主人寿长，大吉。

庚子、辛丑日 诸神在天，若人祭祀求福，主疾病有灾，大凶。

壬寅、癸卯日 诸神记会之簿，若人求福许愿，答谢天地，百事大吉。

甲辰日 诸神在天宫，求福大凶。

乙巳日 诸神在人间、地府，求福祭祀了愿，收福十倍，大吉。

丙午日 诸神在天，不在人间，若人求福，大凶。

丁未日 诸神在地府，若人求福了愿，上表拜章，大吉。

戊申日 诸神在天，不在人间、地府，求福了愿者，损家长，伤师人，凶。

己酉日 上界天赦，若人求福，进田蚕，大吉。

庚戌、辛亥日 诸神在天，作福河伯道，使小小祈福，半吉；如上章拜表，大凶，反受灾殃横祸也。

壬子、癸丑日 诸神在天宫，若人求福了愿，拜章上袭，主伤人口，损田蚕。用此二日，大凶。

甲寅、乙卯日 诸神在人间、地府，若人求福，上章拜表，答谢天地，酬恩了愿，延生度厄，大吉。

丙辰、丁巳、戊午、己未日 诸神俱在天，若人求福祭祀，主家人招祸。损六畜。此四日大凶。

庚申日 是五福问道天下，一应诸神降黄道朝玉帝，此日开天门，作福祭祀，修斋上表，福有十俯，大吉利。

辛酉日 诸神从玉皇差降人间地府，若人求福，反致大凶。

壬戌、癸亥日 乃六神穷日，人间求福，犯孤寡，百事不利，大凶。

【白话注释】

许真君看到世人为了求福还愿，或上书天神，或设坛祈祷，然而其结果有时吉有时凶，有时降福有时遇祸，有的人本要祈福消灾，结果反而招致灾祸，殃及子孙。其中的道理不知为何。于是真君查阅神界的书簿档案，发现是：因为人们只知道用五种福泽超度祖先，只知道在六甲之日行事，却不知道这每一天中，各种福煞是在阴间，还是在人世，所以才导致逢祸遭灾。于是真君便加以记录，称之为《玉匣记》。付国师道士上奏说："据此可以预知祸福。其方法不问天隔、地隔、神隔、鬼隔诸神煞，只要根据这六十甲子中从甲至亥十日的规律行事，自然能预知吉凶。"

甲子、乙丑日 此二日群神在地上。如果人们设坛还愿，求财祈福，群神将受福十倍。此日计都星在天上受福，如果人们作福，则为大吉之兆。

丙寅日 此日群神在天界，如果人们要求福还愿，祭祀山川，召瑰代命，反而会遭受祸殃。如果在此日作福，也将走凶。

丁卯、戊辰、己巳日 此三日群神在地府。如果人们上书求福，召魂祭祀，设坛求子，摆脱困苦，将收福十倍。在此三日行事，大吉大利。

庚午、辛未日 此二日群神在天界辇石下，在地府。如果人们求福祭祀，还愿上书：则必遭疾病之苦，大凶。

壬申日 此日群神在天界，又下到地府。如果人们求福祭祀，上书求子，将收到十倍之福，大吉。

癸酉日 此日用于祭祀河神水伯，则大吉大利，用于其他求福之事，则凶。

甲戌、乙亥日 此二日群神在天界，不在人间，也不在地府。如果人们求福，门首立愿，神灵便能降下，消除灾殃。门首用辰时祭祀则吉利。

丙子、丁丑、戊寅日 此三日群神在运河劳作。如果人们求福，反而招致灾祸，损伤人口。此三日大凶。

中国传统术数总集 第一辑

己卯、庚辰日　此二日群神下在地府。如果人们求福，将有利于子孙，使其荣华富贵。此日是天释生日，能得到四十四日大吉。

辛巳日　此日群神在天门作运河石土二三日，不辞辛苦。如果人们求福，必有死亡之灾，且子孙三代穷困逃离，并有官事口舌之灾，大凶。

壬午、癸未日　此二日群神在天界。如果人们求福，二年后主人将死，田地桑蚕不收，且有口舌官事之灾。此二日不可祭祀，否则便有落水遭受风火之灾，大凶。

甲申、乙酉日　此二日群神在天界，又降下地府和人间。如果人们求福祭祀，还愿上书，谢天谢地，祈求消灾，将收到十倍之福。此二日大吉大利。

丙戌、丁亥日　此二日群神在天，又降下人间、地府。如果人们求福还愿，上表祭拜，将获福无量，功德无比，实属大吉大利。

戊子、己丑日　此二日群神在人间、地府。如果人们求福还愿，大吉大利。如果此二日用于诅咒，则大凶，且无法摆脱。

庚寅日　此日群神在天界整理会算薄案，如果求福祭祀，上书还愿，则必将损害众人，大凶。

辛卯日　此日群神在地府，如果立愿招魂鬼代命、超度先人亡灵，则不吉也不凶。

壬辰、癸巳日　此二日群神在天界查看生死文薄。如果求福祭祀，反而会导致疾病，损害邻居，伤及众人，大凶。

甲午日　此日群神全部降临人间　如果人们上书求福，感谢社神，许福忏悔，必将收福十倍，有利于子孙，上吉大利。

乙未日　此日群神在天界。如果人们祈福，一定能得到小吉小利。

丙寅、丁酉、戊戌日　此三日群神在天界，侍奉玉皇大帝于殿前，制作生死薄、记录上下万民功德善恶。如果此时求福，必遭大凶。

己亥日　此日群神在天界，听从玉帝差遣降临人间和地府。如果求福祭祀，上书召魂，便能使人寿命增长，大吉大利。

庚子、辛丑日　此二日群神在天界，如果人们祭祀求福，必将生病遭灾，大凶。

壬寅、癸卯日　此二日群神记录簿册，如果人们求福许愿，答谢天地，便能百事大吉。

甲辰日　此日群神在天官，如果求福。将大凶。

乙巳日　此日群神在人间和地府。如果求福还愿，将收到十倍之福，大吉。

丙午日　此日群神在天界，不在人间，如果人们求福，则大凶。

丁未日　此日群神在地府，如果人们求福还愿，上书拜表，则大吉。

戊申日　此日群神在天界，不在人间与地府。若求福还愿，将有损家长，伤害众人，凶。

己酉日　此日由主管赦免罪过的天赦主事。若人求福，必使田蚕丰收，大吉。

庚戌、辛亥日　此二日群神在天界，如果在河伯道上作福，并使小小祈福，诸事将有一半吉利；若上书进表，必大凶，反而遭受灾祸。

壬子、癸丑日　此二日群神在天官，如果上书求福还愿，将有伤人口，损害田地和桑蚕。在此二日做事，大凶。

甲寅，乙卯日　此二日群神在人间和地府，如果人们求福上书，酬谢天地，报恩还愿，将延长生命，度过困苦，大吉。

丙辰、丁巳、戊午、己未日　此四日群神都在天界，如果求福祭祀，人将遭祸害，六畜受损。此四日大凶。

庚申日　此日五福问道天下，群神朝见玉帝，天门大开。如果作福祭祀，修斋上书，将有十倍之福，大吉大利。

辛酉日　此日群神听从玉皇差遣降临人间、地地狱。若人求福，反而招致大凶。

壬戌、癸亥日　此二日正值六神不得志，如果人间求福，则犯孤辰寡宿，于百事不利，大凶。

法师选择记日期

贞观元年正月十五日，唐太宗皇帝宣问诸大臣说："朕见天下百姓，每三四日长明设斋求福，如何却有祸生当时？"三藏和尚奏："百姓设斋之日，值遇凶神，故为咎者皆是不按《藏经》内值吉神可用之日，所以致此。臣今录《藏经》内《如来佛选择记》

奏上，见其祸福由日之吉凶也。"

甲子日　是善财童子捡斋，还愿者子孙昌盛，生福招财，此日大吉。

乙丑、丙寅日　是阿罗汉尊长者与天神下降，有人设斋还愿者，衣禄万倍财宝自然，大吉庆也。

丁卯日　是司命捡斋，若人还愿者，反善为恶，主损人口，大凶。

戊辰、己巳日　是哪吒太子捡斋，若人设醮还愿者，反善为恶，大凶。

庚午日　是青衣童子捡斋，还愿者主万倍富贵兴旺，大吉庆之兆。

辛未日　是三途饿鬼在世捡斋，还愿者主破财，伤六畜，大凶。

壬申、癸酉日　是判官在世捡斋，设醮还愿者主一年内有祸，大凶。

甲戌、乙亥、丙子、丁丑、戊寅、己卯六日　是马鸣王菩萨在世捡斋，还愿者得福无量，诸事大吉。

庚辰、辛巳、壬午日　是狰狞神恶鬼在世捡斋，设斋者主伤人口，生疾病，家中常有血光火烛，一年大凶。

癸未日　是野妇罗煞，设斋者主一年内人口破散，大凶。

甲申、乙酉、丙戌日　是阿弥陀佛说法之日，建醮还愿者：主三年内获福万倍，子孙兴旺，龙神护佑，百事大吉。

丁亥日　是朱雀神在世，设斋还愿者主官非口舌，灾疫侵害，大凶。

戊子日　是冥司差极忌神在世，设斋还愿者主官非口舌、灾疫侵害，大凶。

己丑日　是司命真君差童子在世捡斋，若人还愿者，主人口安宁，获福无量，平安大吉。

庚寅、辛卯日　是畜神在世设斋还愿者主破财损畜，大凶。

壬辰日　是阿难尊者与青衣童子在世捡斋。若人还愿，主子孙昌盛，三年获福无量，大吉大利。

癸巳日　是恶神游行，设斋还愿者主三年不利，大凶。

甲午、乙未、丙申、丁酉、戊戌、己亥、庚子、辛丑日　是文殊、普贤与青衣童子在世捡斋，此八日还愿者，获福无量，衣禄万倍，百事大吉。

壬寅、癸卯日　是观世音菩萨行化之日，设醮还愿者主儿孙得福，后世生净土，所生男女十相俱足，此二日大吉。

甲辰、乙巳日　是天下四角大神在世捡斋，还愿者反善为恶，主凶。

丙午、丁未日　是牛头夜叉在世捡斋，还愿者三年内伤人口，大凶。

戊申、己酉日　是千佛下世，设斋酬恩还愿者主福禄万倍，财利兴旺。子孙昌盛，六畜孳生，大吉兆也。

庚戌、辛亥日　是一切贤圣同游天下，建斋祈福者得福无量，大吉。

壬子、癸丑、甲寅、乙卯日　是诸佛圣贤同恶村在世，设斋还愿求福者，此四日平平。

丙辰、丁巳日　是大头金刚在世捡斋，此二日大凶。

戊午日　是诸圣不受愿心不明，此日大凶。

己未日　是释迦如来同诸菩萨在世，设斋酬恩者主财物兴降，福禄无量，此日上吉。

庚申、辛酉日　是释迦文佛说法之日，设斋酬愿者主家宅平安，福利兴旺，子孙荣贵，大吉兆也。

壬戌、癸亥日　是诸佛不捡斋之日，不必用之。

【白话注释】

大唐贞观元年正月十五日，唐太宗向群臣问道："朕看到天下百姓，每隔三四日便要点起长明灯，设斋供佛，祈求福祉，可是为什么其间却往往横生祸患?"三藏法师奏道："这是因为百姓设斋之日，正遇凶神主事。百姓不按《大藏经》中所定吉神主事之日行事，便常常招致灾祸。臣今摘录《大藏经》中《如来佛选择记》奏上，据此可以看到祸福完全取决于行事之日是吉是凶。"

甲子日　此日是善财童子查看斋供。设斋还愿者，将子孙昌盛，生福发财，此日大吉。

乙丑、丙寅日　此日是阿罗汉与天神下降，若有人设斋还愿，将有万倍的财宝和福禄，大吉大利。

丁卯日　此日是司命查看斋供，若有人还愿，将适得其反，求善不成反得恶，损伤人口，大凶。

戊辰、己巳日　此日是哪吒太子查看斋供，若人还愿将适得其反，损伤人口，大凶。

庚午日　此日是青衣童子看斋供，如人还愿，将富贵万倍，兴旺发达，有大吉大庆之兆。

辛未日　此日是三途中的饿鬼查看斋供，如在此日还愿，将使财富破损，六畜受到伤害，实属大凶。

壬申、癸酉日　此日由冥府中的判官在世上查看斋供，设斋还愿者，将要一年内有祸患，是大凶。

甲戌、乙亥、丙子、丁丑、戊寅、己卯六日　此六日是由马鸣王菩萨在世查看斋供，若此时还愿，获福无量，万事大吉。

庚辰、辛巳、壬午日　此三日由狰狞神恶鬼在世上查看斋供，此时设斋，将伤人口，患疾病，家中常有殴斗和火灾一年内大凶。

癸未日　此日由野妇罗刹主事，若要设斋，一年内人口失散，大凶。

甲申、乙酉、丙戌日　此三日是阿弥陀佛说法之日，设坛还愿者，将在三年内获福无限，子孙兴旺发达，神灵保佑，百事大吉。

丁亥日　此日朱雀神在世，设斋还愿者，将有官非口舌之灾，疾病之害，大凶。

戊子日　此日冥府差遣极忌神在世上主事。设斋还愿者，将有官非口舌和疾病之灾，凶。

己丑日　此日司命真君差遣童子在世上查看斋供，若人还愿，将使人口安宁，获福无量，平安大吉。

　　庚寅、辛卯日　此二日是畜神在世。设斋还愿，将使财产遭破，家畜受损，大凶。

　　壬辰日　此日是阿难尊者与青衣童子在世上查看斋供，若有人还愿，将使子孙昌盛，三年获福无量，大吉大利。

　　癸巳日　此日恶神游行，设斋还愿者，三年内不利，大凶。

　　甲午、乙未、丙申、丁酉、戊戌、己亥、庚子、辛丑日　此八日是文殊、普贤与青表童子在世上查看斋供，此时还愿，福禄无限，百事大吉。

　　壬寅、癸卯日　此日是观世音菩萨行化之日，设坛还愿，将使儿孙有福，后世进入极乐世界，所生男女十相皆备，此二日大吉。

　　甲辰、乙巳日　此二日由四角大神在世上查看斋供，还愿者将求善得恶，为凶。

　　丙午、丁未日　此二日是牛头夜叉在世上查看斋供，还愿者三年内损伤人口，大凶。

　　戊申、己酉日　此二日是千佛下世之日，设斋报恩还愿者，将福禄万倍，财源兴旺，子孙昌盛，六畜成群，是大吉之兆。

　　庚戌、辛亥日　此二日所有贤圣同游天下，此时建斋求福，将获福无量，大吉。

　　壬子、癸丑、甲寅、乙卯日　此四日是群佛圣贤同恶树在世。设斋还愿求福，其结果平平。

　　丙辰、丁巳日　此二日是大头金刚在世查看斋供，大凶。

　　戊午日　此日诸圣不接受愿心不明的斋供，大凶。

　　己未日　此日是如来与所有的菩萨在世，设斋报恩者，将使财物兴隆，福禄无比，此日为上吉。

　　庚申、辛酉日　此二日是释迦文佛说法之日，设斋还愿者，家宅平安无事，福利兴旺发达，子孙荣华富贵，是大吉之兆。

　　壬戌、癸亥日　此二日是诸佛神不查看斋供的时间，不必设斋行事。

三元五腊圣诞日期

正月

初一日：天腊之辰，弥勒佛圣诞。

初三日：孙真人圣诞。郝真人圣诞。

初六日：定光佛圣诞。

初八日：江东神圣诞。

初九日：玉皇上帝圣诞。

十三日：刘猛将军圣诞。

十五日：上元天官圣诞。门神户尉圣诞。佑圣真君圣诞。正一靖应真君圣诞。混元皇帝、西子帝君圣诞。

初八日至十五日：显大神通降魔。此八日持斋有十千万功德。

十九日：长春邱真人圣诞。

二月

初一日：太阳升殿之辰，宜焚香祭祀。勾陈圣诞。刘真人圣诞。

初二日：土地正神圣诞。

初三日：文昌梓潼帝君圣诞。宜诵《救劫章》一遍，消罪一劫。

初四日：曹大将军圣诞。

初五日：东华帝君圣诞。

初八日：张大帝圣诞。昌福真君圣诞。释迦文佛出家。

此日诵经一卷，比常日有十千万功德。

十三日：葛真君圣诞。

十五日：太上老君圣诞，诵《感应篇》一遍，有十千万功德。

精忠岳元帅圣诞。

十七日：东方杜将军圣诞。

十九日：观音菩萨圣诞。

二十一日：普贤菩萨圣诞。水廿圣诞。

二十五日：玄天圣父明真帝圣诞。

三月

初三日：北极真武玄天上帝圣诞。

初六日：眼光娘娘圣诞。张老相公圣诞。

十二日：中央五道圣诞。

十五日：吴天大帝圣诞。玄坛赵元帅圣诞。雷霆驱魔大将军圣诞（即唐将雷万春）。祖天师圣诞。

十六日：准提菩萨圣诞。山神圣诞。

十八日：后土娘娘圣诞。三茅真君圣得道。申岳大带圣诞。玉阳真人圣诞。

二十日：子孙娘娘圣诞。

二十三日：天妃娘娘圣诞。

二十八日：东岳大帝圣诞。苍颉至圣先师圣诞。

四月

初一日：萧公圣诞。

初四日：文殊菩萨圣诞。狄梁公圣诞。

初八日：释迦文佛圣诞。

十三日：天尹真人圣诞。葛孝先真人圣诞。

十四日：吕纯阳祖师圣诞。

十五日：钟离祖师圣诞。释迦如来成佛。此日念真言一句，比常日有十千万功德。

十八日：紫微大帝圣诞。泰山顶上娘娘圣诞。

二十日：眼光圣母娘娘圣诞。

二十六日：钟山将公圣诞。

二十八日：药王圣诞。

五月

初一日：南极长生大帝圣诞。

初五日：地腊之辰。地祇温元帅圣诞。雷霆邓天君圣诞。

初七日：朱太尉圣诞。

初八日：南方配道圣诞。

十一日：都城隍圣诞。

十二日：炳灵公圣诞。

十三日：关圣帝君降神。

十六日：天地主气及造化万物之辰，最宜戒酒色禁忌。

十八日：张天师圣诞。

二十日：丹阳马真人圣诞。

二十九日：许威显王圣诞（即唐忠臣许远）。

六月

初四日：南瞻部洲转大法轮。此日供养一日，比常日有十千万功德。

初六日：崔府君圣诞。杨四将军圣诞。

初十日：刘海蟾帝君圣诞。

十一日：井泉龙王圣诞。

十九月：观音菩萨成道。

二十三日：火神圣诞。关圣帝君圣诞。王灵官圣诞。马神圣诞。

二十四日：雷祖圣诞。

二十六日：二郎真君圣诞。

二十九日：天枢左相真君圣诞（即宋文丞相）。

七月

初七日：道德腊之辰。

十二日：长真谭真人圣诞。

十三日：大势至菩萨圣诞。

十五日：中元地官圣诞。灵清真君圣诞。

十八日：王母娘娘圣诞。

十九日：值年太岁圣诞。

二十一日：普庵祖师圣诞。上元道化真君圣诞（即唐真君）。

二十二日：增福财神圣诞。

二十三日：天枢上相真君圣诞（即汉诸葛丞相）。

二十四日：龙树王菩萨圣诞。

三十日：地藏王菩萨圣诞。

八月

初一日：神功妙济真君圣诞（即许真君）。

初三日：灶君圣诞。

初三日二十七日：北斗下降。

初五日：雷声大帝圣诞。

初十日：北岳大帝圣诞。

十二日：西方五道圣诞。

十五日：太阴朝元之辰，宜守夜焚香。

十八日：酒仙圣诞。

二十二日：燃灯佛圣诞。

二十三日：伏魔副将张显王圣诞（即汉桓侯翼德）。

九月

初一日：南斗下降之辰。

初一至初九日：北斗九皇降世之辰，世人斋戒，此日胜常日，有无量功德。

初三日：五瘟圣诞。

初九日：斗母元君圣诞，玄天上帝飞升。重阳帝君圣诞。丰都大帝圣诞。蒿里圣诞。梅葛二仙翁圣诞。

十六：机神圣诞。

十七日：金龙四大王圣诞。洪恩真君圣诞。

二十三日：萨真人圣诞。

二十八日：五显灵官圣诞。马元帅圣诞。

三十日：药师琉璃光王佛圣诞。

十月

初一日：民岁腊之辰。东皇大帝圣诞。下元定志周真君圣诞。

初三日：三茅应化真君圣诞。

初五日：达摩祖师圣诞。

初六日：天曹诸司五岳五帝圣诞。

初八日：涅磐。此日放生一个，比常日有十千万功德。此日作一罪业，比常日有十千万罪业。

十五日：下元水官圣诞。痘神刘使者圣诞。

二十日：虚靖天师圣诞（即三十代天师弘悟张真人）。

二十七日：北极紫微大帝圣诞。

十一月

初四日：大成至圣先师文宣王孔子圣诞。

初六日：西岳大帝圣诞。

十一日：太乙救苦天尊圣诞。

十七日：阿弥陀佛圣诞。

十九日：日光天子圣诞。大慈至圣九莲菩萨圣诞。

二十三日：南斗下降。张仙圣诞。

二十六日：北方五道圣诞。

十二月

初一日：念经一卷，比常日念经胜如十千万功德。

初八日：王侯腊之辰。张英济王圣诞（即唐忠臣张巡）。释迦如来成佛。此日念经一卷，比常日念经胜如十千万功德。

十六日：南岳大帝圣诞。

二十日：鲁班圣诞。

二十一日：天猷上帝圣诞。

二十四日：司命灶君上天，朝玉帝奏人善恶，二十三日夜，天下人民焚香祀送。

二十九日：华严菩萨圣诞。

三十日：诸佛下界探访善恶，宜持斋焚香。

每月初八、十四、十五、二十三、二十九、三十日，北斗下降之辰，宜持斋念佛诵经礼忏，胜如常日有十千万功德。

【注释】

三元节日指正月十五上元天官节，七月十五日中元地官节，十月十五日下元水官节。五腊节日是：正月初一为天腊，五月五日为地腊，七月七日为道德腊，十月一日为民岁腊，十二月初八日为侯王腊。在五腊日，要修斋并祭祀祖先和神灵。

看男女值年星辰属命之图

十一岁：男土星，女火星。　　　十四岁：男太阳，女土星。

十二岁：男水星，女木星。　　　十五岁：男火星，女罗睺。

十三岁：男金星，女太阴。　　　十六岁：男计都，女太阳。

十七岁：男太阴，女金星。

十八岁：男木星，女水星。

十九岁：男罗睺，女计都。

二十岁：男土星，女火星。

二十一岁：男水星，女木星。

二十二岁：男金星，女太阴。

二十三岁：男太阳，女土星。

二十四岁：男火星，女罗睺。

二十五岁：男计都，女太阳。

二十六岁：男太阴，女金星。

二十七岁：男木星，女水星。

二十八岁：男罗睺，女计都。

二十九岁：男土星，女火星。

三十岁：男水星，女木星。

三十一岁：男金星，女太阴。

三十二岁：男太阳，女土星。

三十三岁：男火星，女罗睺。

三十四岁：男计都，女太阳。

三十五岁：男太阴，女金星。

三十六岁：男木星，女水星。

三十七岁：男罗睺，女计都。

三十八岁：男土星，女火星。

三十九岁：男水星。女木星。

四十岁：男金星，女太阴。

四十一岁：男太阳，女土星。

四十二岁：男火星，女罗睺。

四十三岁：男计都，女太阳。

四十四岁：男太阴，女金星。

四十五岁：男木星，女水星。

四十六岁：男罗睺，女计都。

四十七岁：男土星，女火星。

四十八岁：男水星，女木星。

四十九岁：男金星，女太阴。

五十岁：男太阳，女土星。

五十一岁；男火星，女罗睺。

五十二岁：男计都，女太阳。

五十三岁；男太阴，女金星。

五十四岁：男木星，女水星。

五十五岁：男罗睺，女计都。

五十六岁：男土星，女火星。

五十七岁：男水星，女木星。

五十八岁：男金星，女太阴。

五十九岁：男太阳，女土星。

六十岁：男火星，女罗睺。

六十一岁：男计都，女太阳。

六十二岁：男太阴，女金星。

六十三岁：男木星，女水星。

六十四岁：男罗睺，女计都。

六十五岁：男土星，女火星。

六十六岁：男水星，女木星。

六十七岁：男金星，女太阴。

六十八岁：男太阳，女土星。

六十九岁：男火星，女罗睺。

七十岁：男计都，女太阳。

七十一岁：男太阴，女金星。

七十二岁：男木星，女水星。

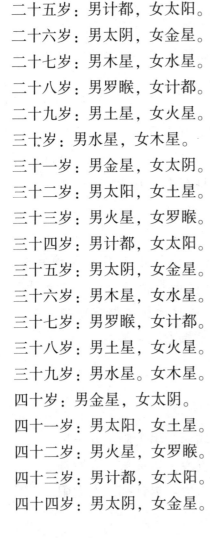

七十三岁：男罗睺，女计都。

八十七岁：男火星，女罗睺。

七十四岁：男土星，女火星。

八十八岁；男计都，女太阳。

七十五岁：男水星，女木星。

八十九岁：男太阴，女金星。

七十六岁：男金星，女太阴。

九十岁：男木星，女水星。

七十七岁：男太阳，女土星。

九十一岁：男罗睺，女计都。

七十八岁：男火星，女罗睺。

九十二岁：男土星，女火星。

七十九岁：男计都，女太阳。

九十三岁：男水星，女木星。

八十岁：男太阴，女金星。

九十四岁：男金星，女太阴。

八十一岁：男木星，女水星。

九十五岁：男太阳，女土星。

八十二岁：男罗睺，女计都。

九十六岁：男火星，女罗睺。

八十三岁：男土星，女火星。

九十七岁：男计都，女太阳。

八十四岁：男水星，女木星。

九十八岁：男太阴，女金星。

八十五岁：男金星，女太阴。

九十九岁：男木星，女水星。

八十六岁：男太阳，女土星。

【注释】

俗语：男怕罗睺，女怕计都。

罗睺计都是九星推命法中的凶星。古人说："罗睺当头照，男人忧愁到"，凡男人逢到罗睺星值年，凶性最验，家宅不安，官司破财。但在长期的实践中发现，不但男命厌恶罗睺星值年，女命逢到罗睺星值年，也很不顺利。女人遇到计都星值年，人缘差，口舌是非，倒霉晦气。

九星属命在本篇中指太阳、太阴、金星、木星、火星、土星、计都星、罗睺星等，古人把九星和年岁相配合，据此推断祸福吉凶。这里的九星，就是下篇所称的"九曜"。广泛应用在中国的选择家、星命家的实践中，以九星配年岁，用以推断人的命运，很是灵验。

中国传统术数总集　第一辑

九曜星君值男女命限图

诗曰：

此星人命喜燃灯，保汝平安福寿增。

男女行年宜解祭，九星下降要虔诚。

凡人的生命行年，值某位星君，按后开下界日期，虔诚斋戒，燃灯祭之，士人加官进禄，商贾利增百倍。妇人遇吉星祭之，求子得子，遇凶星祭之，可免灾厄也。

太阳星　**行年值太阳，终岁得安康。**

男子重重喜，女人有灾殃。

名曰太阳星。光辉天下，无处不明朗。主远行有财，大人见喜。添人进口，万事和合。惟女子不喜此星，宜禳解方吉。

每月二十七日下界。用黄纸牌位写"日宫太阳帝子星君"，灯十二盏，正西祭之，大吉。

太阴星　行年值太阴，诸事遂其心。
　　　　求名并求利，前程宜远行。

　　名曰注阳星。宜见官，有理，男子出入，凡事遂心。女人有疾厄、产患之危。

　　每月二十六日下界。用黄纸牌位写"月宫太阴皇后星君"，灯七盏。正西祭之，大吉。

木　星　行年值木星，不利是阴人。
　　　　虽见微小疾，未为岁月迍。

　　名曰朝元星。其年男子有眼目之疾，阴人有血光之灾，不妨婚姻和合，人口平安。

　　每月二十五日下界。用青纸牌位写"东方甲乙木德星君"，灯二十盏。正西祭之，大吉。

中国传统术数总集　第一辑

火　星

行年值火星，守旧且潜身。
女人多灾厄，男命不离刑。

名曰灾星。主疮疾，女人产难，血光。男子官灾不利，人口不安，六畜不旺，自宜谨慎可也。

每月二十九日下界。用红纸牌位写"南方丙丁火德星君"，灯十五盏。正西祭之，大吉。

土　星

行年值土星，官事来相侵。
出入多不顺，提防小人惊。

名曰厄星。此年见灾不安，家宅瞅唧，夜多怪梦，六畜不利，不宜远行。

每月十九日下界。宜用黄纸牌位写"中央戊己土德星君"，灯五盏。正西祭之，大吉。

22

金 星　　行年值金星，凡事不遂心。
　　　　　男子忧还可，大忌是女人。

名曰朝阳星。贵人见喜，添人进口；婚姻娶嫁，恐有肚腹之灾；出入提防小人。

每月十五是下界。宜用白纸牌位写"西方庚辛金德星君"，灯八盏。正西祭之，大吉。

水 星　　行年值水星，财喜主重兴。
　　　　　男子福禄至，女子口舌侵。

名曰福禄星。大人见喜，远行有财，添人进口；女人不利，无灾难，不宜渡河。

每月二十一日下界。用皂纸牌位写"北方壬癸水德星君"，灯七盏。正西祭之，大吉。

中国传统术数总集 第一辑

行年值罗睺，主人百事忧。

罗睺星

男子官灾至，女人也闷愁。

名曰口舌星。主见官非、口舌、眼目之疾，女人见血光，产鬼之厄。

每月初八日下界。用黄纸牌位写"天宫神首罗睺星君"，灯九盏。正北祭之，大吉。

行年值计都，灾害不时无。

计都星

阴人防口舌，犹可是丈夫。

名曰凶星。大人不喜，六畜不利。阴人主口舌是非。宜出入，远行有财，在家亦有暗昧不明之事。

每月十八日下界。用黄纸牌位写"天尾宫分计都星君"，灯二十盏。正西祭之，大吉。

二十八宿值日吉凶歌
二十八宿吉凶星像图①

角　木蛟　吉

邓禹②

角星造作主荣昌，外进田财及女郎；嫁娶婚姻生贵子，文人及第见君王。惟有葬埋不可用，三年之后主瘟癀。起工修筑坟墓地，堂前立见主人亡。

亢　金龙　凶

吴汉③

亢星造作长房当，十日之中主有殃；田地消磨官失职，投军定是虎狼伤。嫁娶婚姻用此日。儿孙新妇守空房。埋葬若还逢此日，当时灾祸主重丧。

氐（di）　土貉　凶

贾复④

氐星造作主灾凶，费尽田园仓库空；埋葬不可用此日，悬绳吊颈祸重重。若是婚姻离别散，夜招浪子入房中；行船必定遭沉没，更生聋哑子孙穷。

房　日兔　吉

耿弇⑤

房星造作田园进，钱财牛马遍山冈。更招外处田庄宅，荣华富贵福寿康。埋葬若然用此日，高官进职拜君王。嫁娶嫦娥归月殿，三年抱子至朝堂。

心　月狐　凶

寇恂⑥

心星造作大为凶，更遭刑讼狱囚中。忤逆官非田宅退，埋葬卒暴死相从。婚姻若是逢此日，子死儿亡泪满胸。三年之内连遭祸，事事教君没始终。

尾 火虎 吉

岑彭[7]

尾星造作得天恩，富贵荣华福寿宁。招财进宝进出地，和合婚姻贵子孙。埋葬若能依此日，男清女正子孙兴。开门放水招田地，代代公侯远播名。

箕 水豹 吉

冯异[8]

箕星造作主高强，岁岁年年大吉昌。埋葬修坟大吉利，田蚕牛马遍山冈。开门放水招财谷，箧满金银谷满仓。福荫高官加禄位，六亲丰禄足安康。

斗 木獬 吉

朱佑[9]

斗星造作主招财，文武官员似鼎台。田宅钱财千万进，坟茔修筑富贵来。开门放水招牛马，旺财男女主和谐；遇此吉星来照护，时受福贵永无灾。

牛 金牛 凶

祭遵[10]

牛星造作主灾危，九横三灾不可推；家宅不安人口退，田蚕不利主人衰。嫁娶婚姻皆自损，金银财谷渐无之；若是开门并放水，牛猪羊马亦伤悲。

中国传统术数总集 第一辑

女 土蝠 凶

景丹⑪

女星造作损婆娘，兄弟相嫌似虎狼；埋葬生灾逢鬼怪，颠邪疾病更瘟癀。为事遭官财失散，泻痢留连不可当；开门放水逢此日，全家散败主离乡。

虚 日鼠 凶

盖延⑫

虚星造作主灾殃，男女孤眠不一双；内乱风声无礼节，儿孙媳妇伴人床。开门放水招灾祸，虎咬蛇伤及卒亡；三三五五连年病，家破人亡不可当。

危 月燕 凶

坚镡⑬

危星不可造高堂，自吊遭刑见血光；三岁孩儿遭水厄，后生出外不还乡。埋葬若还逢此日，周年百日卧高床；开门放水遭刑杖，三年五载亦悲伤。

室 火猪 吉

耿纯⑭

室星造作进田牛，儿孙代代近王侯；富贵荣华天上至，寿如彭祖⑮八百秋。开门放水招财帛，和合婚姻生贵儿；埋葬若能依此日，门庭兴旺福无休。

壁 水獝 吉

臧官⑮

壁星造作进庄园，丝蚕大熟福滔天；奴婢自来人口进，开门放水出英贤。埋葬招财官品进，家中诸事乐滔然；婚姻吉利生贵子，早播名声着祖鞭。

奎 木狼 凶

马武⑯

奎星造作得祯祥，家下荣和大吉昌；若是埋葬阴卒死，当年定主两三丧。看看军令刑伤到，重重官事主瘟癀；开门放水招灾祸，三年两次损儿郎。

娄　金狗　吉

刘隆⑰

娄星竖柱起门庭，财旺家和事事兴；外境钱财百日进，一家兄弟播声名。婚姻进益生贵子，玉帛金银箱满盈；放水开门皆吉利，男荣女贵寿康宁。

胃　土雉　吉

马成⑱

胃星造作事如何，富贵荣华喜气多；埋葬进临官禄位，三灾九祸不逢他。婚姻遇此家富贵，夫妇齐眉永保和；从此门庭生吉庆，儿孙代代拜金坡。

中国传统术数总集　第一辑

昴（mǎo）　日鸡　凶

王梁[19]

昴星造作进田牛，埋葬官灾不得休；重丧二日三人死，卖尽田园不得留，开门放水招灾祸，三岁孩儿白了头；婚姻不可逢此日，死别生离实可愁。

毕　月乌　吉

陈俊[20]

毕星造作主无光，买得田园有粟钱；埋葬此日添官职，田蚕大熟来丰年。开门放水多吉庆，合家人口得安然；婚姻若能逢此日，生得孩儿福寿全。

觜（zi） 火猴 凶

傅俊[21]

觜星造作有徒刑，三年必定主伶仃：埋葬卒死多由此，取定寅年便杀人。三丧不止皆由此，一人药毒二人身：家门田地皆退败，仓库金银化作尘。

参（shen） 水猿 吉

杜茂[22]

参星造作旺人家，文星照耀大光华；只因造作田财旺，埋葬招疾丧黄沙。开门放水加官职，房房子孙见田加；婚姻许定遭刑克，男女朝开暮落花。

井　木犴　吉

铫期[23]

井星造作旺蚕田，金榜题名第一先；埋葬须防惊卒死，忽癫疯疾入黄泉、开门放水招财帛，牛马猪羊旺莫苦；寡妇田塘来入宅，儿孙兴旺有余钱。

鬼　金羊　凶

王霸[24]

鬼星起造卒人亡，堂前不见主人郎；埋葬此日官禄至，儿孙代代近君王。开门放水须伤死，嫁娶夫妻不久长；修土筑墙伤产女，手扶双女泪汪汪。

柳 土獐 凶

任光 [25]

柳星造作主遭官，昼夜偷闲不暂安；埋葬瘟癀多病死，田园退尽守孤寒。开门放水招聋瞎，腰驼背曲似弓弯；更有棒刑宜谨慎，妇人随客走盘恒。

星 日马 凶

李忠 [26]

星宿日好造新房，进职加官近帝王；不可埋葬并放水，凶星临位女人亡。生离死别无心恋，自要归休别嫁郎；孔子九曲珠难度，放水开沟天命伤。

张　月鹿　吉

万修[27]

张星日好造龙轩，年年便见进庄园；埋葬不久升官职，代代为官近帝前。开门放水招财帛，婚姻和合福绵绵；田蚕大利仓库满，百般利意自安然。

翼　火蛇　凶

邱仝[28]

翼星不利架高堂，三年二载见瘟瘴；埋葬若还逢此日，子孙必定走他乡。婚姻此日不宜利，归家定是不相当；开门放水家须破，少女贪花恋外郎。

轸（zhěn）　水蚓　吉

刘植[29]

轸星临水造龙宫，代代为官受敕封；富贵荣华增福寿，库满仓盈自昌隆。埋葬文星来照助，宅舍安宁不见凶；更有为官沾帝宠，婚姻龙子出龙宫。

【注释】

①二十八宿是古人用作观测日月等二十八组恒星或星座。由于它们呈环行列在日月五星的四方，很像日月五星的栖宿场所，因此称二十八宿。古人还把二十八宿分为东、南、西、北四宫，每宫七宿，分别将各宫所属七宿想象为一种动物形象。假象"天之四灵，以正四方"。东宫七宿的动物形象为苍龙，南宫七宿的动物形象为朱雀，西宫七宿的动物形象为白虎，北宫七宿的动物形象为玄武（龟蛇）。这里的苍龙、朱雀、白虎、玄武，就是所谓的"四象"。东方成龙形，西方成虎形，皆西首而东尾"；南方成鸟形，北方成龟形，皆南首而北尾。古人认为，二十八星宿有的主吉，有的主凶，并拟出二十八首《值日吉凶歌》。古人还认为，天上的星宿与地下的人事是相对应的，上有多少星，下有多少人，大人物是大星宿转世，小人物是小星宿转世，并选择东汉初年刘秀手下的二十八员名将与二十八宿相配合，拟出二十八幅《吉凶星像图》。

②邓禹：生年不详，卒于公元58年。字仲华。南阳新野（今新野县）人。东汉名将，曾任大司徒，封赞侯，后改封高密侯。

③吴汉：生年不详，卒于公元44年，字子颜。南阳宛县（今

中国传统术数总集　第一辑

河南省南阳市）人。东汉名将，曾任大司马，封广平侯。

④贾复：东汉名将。字君文。冠军人。曾任都护将军、左将军。军劝卓著，累功封胶东侯。

⑤耿弇：生于公元3年，卒于公元58年，字佰昭，扶风茂陵（今陕西省兴平县）人。东汉名将，曾任大将军，封好畤侯。

⑥寇恂：生年不详，卒于公元36年，字子冀。上谷昌平（令北京市昌平县）人。东汉名臣，曾任太守等职，封雍奴侯。

⑦岑彭：生年不详，卒于公元35年字君然。南阳棘阳（今河南省新野县）人，东汉名将，曾任大将军，封舞阴侯。

⑧冯异：生年不详，卒于公元34年。字公孙。颖川父城（河南省宝丰县）人。东汉名将，曾任大将军，封阳夏侯。

⑨朱佑：东汉名将。字仲先。南阳宛人。曹任护军、建义大将军，累立奇功，封鬲侯。

⑩祭（zhāi）遵：生年不详，卒于公元33年。字弟孙。颖川颖阳（今河南省许昌市）人。东汉名将，曾任征虏将军，颖阳侯。

⑪景丹：东汉名将。字孙卿。栎阳人。曾任偏将，封栎阳侯。

⑫盖延：东汉名将。字巨卿，要阳人。曾任偏将军、虎牙将军，累功拜左冯翊，封安平侯。

⑬坚镡：东汉名将。字子伋，襄城人。曾任偏将军，以军功封台肥侯。

⑭耿纯：生年不详，卒于公元37年。字伯山。河南密县（今河南省密县）人。东汉名将，曾任太守等职，封东光侯。

⑮臧宫：东汉名将。字君翁。郏县人。曾任辅威将军、广汉太守，以军功封朗陵侯。

⑯马武：生年不详，卒于公元61年。字子孙。南阳湖阳（令河南省唐河县）人。东汉名将，曾任捕虏将军，封扬虚侯。

⑰刘隆：东汉名将。字元伯。曾任诛虏将军、骠骑将军，以军功封慎侯。

⑱马成：东汉名将。字君迁。枣阳人。曾任扬武将军，封全椒侯。

⑲王梁：东汉名将。字君严。安阳人。曾任大司空、济南太守，先封武强侯，后改封阜城侯。

⑳陈俊：东汉名将。字子昭。南阳人。曾任琅琊太守、行大将军事，封祝阿侯。

㉑傅俊；东汉名将。字子卫。襄城人。曾任积弩将军，封昆阳侯。

㉒杜茂：东汉名将。字诸会。冠军人。曾任中坚将军、大将军、骠骑将军，以军功封参遂乡侯。

㉓铫期：东汉名将。字次况。郏县人。曾任偏将军、虎牙大将军，以军功封安成侯。

㉔王霸：东汉名将。字元伯。疑颍阳人。曾任讨虏将军，封淮陵侯。

㉕任光：东汉名将。字伯卿。南阳宛人。曾任光左将军，封阿陵侯。

㉖李忠：东汉名将。字仲都。东莱黄人。曾任五官中郎将、丹阳太守、豫章太守。

㉗万修：东汉名将，字君游。扶风茂陵人。曾任偏将军、右将军、封槐里侯。

㉘邳仝：东汉名将。字君伟。信都人。曾任太常、少府，初封武义侯，后改封为灵寿侯。

㉙刘植：东汉名将。字伯先。巨鹿昌城人。曾任骁骑将军，封昌城侯。

二十八宿值日占四季风雨阴晴歌

春季

虚危室壁多风雨，若遇奎星天色晴。

娄星乌风天冷冻，昴毕温和天又明。

觜参井鬼天见日，柳星张翼阴还晴。

轸角二星天少雨，或起风雨傍岭行。

亢宿大风起砂石，氐房心尾风雨声。

箕斗濛濛天少雨，牛女微微作雨声。

夏季

虚危室壁天半阴，奎娄胃宿雨冥冥。

昴毕二星天有雨，觜参二宿天又阴。

井鬼柳星晴或雨，张星翼轸又晴明。

角亢二星太阳见，氐房二宿大山风。

心尾依然宿作雨，箕斗牛女遇天晴。

秋季

虚危室壁震雷惊，奎娄胃昴雨淋庭。

毕觜参井晴又雨，鬼柳云开客便行。

星张翼轸天无雨，角亢二星风雨声。

氐房心尾必有雨，箕斗牛女雨濛濛。

冬季

虚危室壁多风雨，若遇奎星天色明。

娄胃雨声天冰冻，昴毕之期天又晴。

觜参二宿半时晴，井鬼二星天色黄。

莫道柳星云雾起，天寒风雨有严霜。

张翼风雨又见日，轸角夜雨日还晴。

亢宿大风起沙石，氐房心尾风雨声。

箕斗二星天有雨，牛女阴凝天又晴。

对于二十八宿星四秀风雨阴晴要细细分来有歌曰：

占卜阴晴真妙诀，仙贤秘密不虚名。

掌上轮星天上应，定就乾坤阴与晴。

增补玉匣记　上卷（2）

吉凶篇

　　这里的各种吉凶日，都是人们在日常生活、生产或社会历史与择吉文化的发展过程中逐渐积淀而形成的，有约定俗成的意义，所以称为"民俗吉凶日"。

　　这些吉凶宜忌之说，许多原本是古人日常生活经验的总结和记录，既不神秘又不怪诞，只是被后世的人们包上了一层神秘的学说，才变成我们现代的这番模样！

猫眼定时辰歌诀①

　　　　子午卯酉一条线②，寅申巳亥圆如镜。
　　　　辰戌丑未枣核形，十二时辰如缺定。

【注释】

　　①古人将一天二十四个小时分成为十二个时段，每段两小时，并用十二地支代表这十二个时段，我们叫做时辰，如下表：

23-1	1-3	3-5	5-7	7-9	9-11	11-13	13-15	15-17	17-19	19-21	21-23
子	丑	寅	卯	辰	巳	午	未	申	酉	戌	亥

这首歌诀讲的是，在古代没有钟表的情况下，古人通过观察猫眼瞳孔的形状，来判断十二时辰的方法，现代用科学也能解释的清楚了。

②子午卯酉—条线：这句是说子时、午时、卯时、酉时猫的瞳孔，看着就象一条线，下面寅申巳亥时瞳孔看着如圆镜一样，以此类推。

定寅时歌诀

正九五更二点彻，二八五更四点歇。

三七平光是寅时，四六日出寅无别。

五月日高三丈地，十月十二四更二。

仲冬才到四更初，便是寅时须记切。

【注释】

更是古代夜间记时的一种方法。古时一夜分为五更，一更分为五点。仲冬中国传统文化中指农历十一月。

定太阳出没歌诀①

正九出乙入庚方，二八出兔②入鸡场。

三七发甲入辛地，四六生寅入戌方。

五月生艮归乾上，仲冬出巽入坤方。

惟有十月十二月，出辰入申仔细详。

中国传统术数总集 第一辑

【注释】

①太阳出没指古代在没有钟表的情况下的一种预测时间的方法。古人把五行、天干、地支、四方、十二月、八卦配合起来，记时间、表方向。如下图：

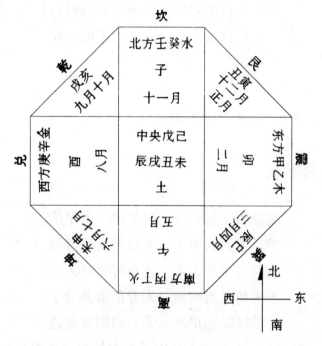

②兔指地支中的卯。鸡指地支中的酉。

定太阴出没歌诀

初三庚兮切八丁，十二乾上月华临。

十八巽宫廿三艮，廿八坤兮五日轮。

中国传统术数总集　第一辑

定太阴出时歌诀

三辰五巳八午升，初十出未十三申；
十五酉时十八戌，二十亥上记其神；
二十三日子时出，二十六日丑时行；
二十八口寅上立，三十加来卯上轮。

【注释】

太阴出时指每天的月亮升出之日。

定九星歌诀

四孟甲子起妖星，仲冬甲子惑星临。
季月禾刀为甲子，九星相配顺流行。
煞贡一星为大吉，直星行事可人心。
卜木角己为凶煞，人专诸事并清宁。
立早妖星惑星共，禾刀四曜有灾迍。

如正、四、七、十月四孟月甲子日起妖星，乙丑日是惑星，丙寅日是禾刀，丁卯煞贡，戊辰直星，己巳卜木，庚午角己，辛未人专，壬申立早，癸酉又妖星，甲戌又惑星，下仿此。

【注释】

九星：这里指妖星、惑星、禾刀、煞贡、直星、卜木、角己、人专、立早等九星。从下文看，九星之中。煞贡、直星、人专为吉神，卜木、角己、立早、妖星、惑星、禾刀为凶煞。

四孟：一年分四季，每季三个月，古人把每季的第一个月即正月、四月、七月和十月称为孟月，第二个月即二月、五月、八月、十一月称为仲月。第三个月即三月、六月、九月、十二月称为季月。又把每季的第一个月分别称，为孟春、孟夏、孟秋、孟冬，第二个月分别称为仲春、仲夏、仲秋、仲冬，第三个月分别称为季春、季夏、季秋、季冬。

金符经

正月、四月、七月、十月四孟之月甲子日起妖星

甲子妖星	乙丑惑星	丙寅禾刀	丁卯煞贡
戊辰直星	己巳卜木	庚午角己	辛未人专
壬申立早	癸酉妖星	甲戌惑星	乙亥禾刀
丙子煞贡	丁丑直星	戊寅卜木	己卯角己
庚辰人专	辛巳立早	壬午妖星	癸未惑星
甲申禾刀	乙酉煞贡	丙戌直星	丁亥卜木
戊子角己	己丑人专	庚寅立早	辛卯妖星
壬辰惑星	癸巳禾刀	甲午煞贡	乙未直星
丙申卜木	丁酉角己	戊戌人专	己亥立早
庚子妖星	辛丑惑星	壬寅禾刀	癸卯煞贡
甲辰直星	乙巳卜木	丙午角己	丁未人专
戊申立早	己酉妖星	庚戌惑星	辛丑禾刀
壬子煞贡	癸丑直星	甲寅卜木	乙卯角己
丙辰人专	丁巳立早	戊午妖星	己未惑星
庚申禾刀	辛酉煞贡	壬戌直星	癸亥卜木

二月、五月、八月、十一月四仲之月甲子日起惑星

甲子惑星	乙丑禾刀	丙寅煞贡	丁卯直星
戊辰卜木	己巳角己	庚午人专	辛未立早

壬申妖星　癸酉惑星　甲戌禾刀　乙亥煞贡

丙子直星　丁丑卜木　戊寅角己　己卯人专

庚辰立早　辛巳妖星　壬午惑星　癸未禾刀

甲申煞贡　乙酉直星　丙戌卜木　丁亥角己

戊子人专　己丑立早　庚寅妖星　辛卯惑星

壬辰禾刀　癸巳煞贡　甲午直星　乙未卜木

丙申角己　丁酉人专　戊戌立早　己亥妖星

庚子惑星　辛丑禾刀　壬寅煞贡　癸卯直星

甲辰卜木　乙巳角己　丙午人专　丁未立早

戊申妖星　己酉惑星　庚戌禾月　辛亥煞贡

壬子直星　癸丑卜木　甲寅角己　乙卯人专

丙辰立早　丁巳妖星　戊午惑星　己未禾刀

庚申煞贡　辛酉直星　壬戌卜木　癸亥角己

三月、六月、九月、十二月四季之月甲子日起禾刀

甲子禾刀　乙丑煞贡　丙寅直星　丁卯卜木

戊辰角己　己巳人专　庚午立早　辛未妖星

壬申惑星　癸酉禾刀　甲戌煞贡　乙亥直星

丙子卜木　丁丑角己　戊寅人专　己卯立早

庚辰妖星　辛巳惑星　壬午禾刀　癸未煞贡

甲申直星　乙酉卜木　丙戌煞贡　丁亥人专

戊子立早　己丑妖星　庚寅惑星　辛卯禾刀

壬辰煞贡　癸巳直星　甲午卜木　乙未角己

丙申人专　丁酉立早　戊戌妖星　己亥惑星

庚子禾刀　辛丑煞贡　壬寅直星　癸卯卜木

甲辰角己　乙巳人专　丙午立早　丁未妖星

戊申惑星　己酉禾刀　庚戌煞贡　辛亥直星

壬子卜木　癸羽角己　甲寅人专　乙卯立早

丙辰妖星　丁巳惑星　戊午禾刀　己未煞贡

庚申直星　辛酉卜木　壬戌角己　癸亥人专

【注释】

《金符经》中的九星当值表。一年四季，每季的孟月即第一个月（正月、四月、七月、十月）的甲子日是起妖星。仲月即第二个月（二月、五月、八月、十一月）的甲子日是起惑星，季月即第三个月（三月、六月、九月、十二月）的甲子日是起禾刀，然后按九星顺序依次排列，周而复始。具体安排见正文。关于九星值日的吉凶情况，详见下篇《九星值日吉凶》。

九星值日吉凶①

妖星　凡上官、嫁娶、起造、开店、移徙、入宅，犯此，一年之内，人口灾凶，官司，失盗，田宅退败，定损长男或有口舌自东方、南方来。

惑星　凡造作、嫁娶、移徙、上官、开店、葬埋，犯此，一年之内，百事衰败，六畜死伤，生子不肖，妇人淫乱，官司，失盗，被人欺骗，小口有灾。

禾刀　凡上官、造作、起盖、嫁娶、移徙、开店，犯此，一年之内，主疾病、孝服、虎伤、杀人之事，血光之灾，奴仆不利。

煞贡　凡造作、起盖、嫁娶、移徙、上官、造桥，葬埋，遇此，三年之内，有官者禄位高迁，无官者田宅进益，主有贵子，父慈子孝，奴仆成行，所为多吉。

直星　凡上官、嫁娶、开店、修造、埋葬，遇此，三年之内，有吉庆事，居官者加官进禄，庶人百事称心，生财致富。

卜木　凡造作、嫁娶、移徙、开店、葬埋，遇此，三年之内，出疯疾之人，又主大惊，哀哭，官司，口舌，兄弟不和，财物耗散，六畜不旺，百事衰败。

角己　凡造作、嫁娶、移徙、开店、葬埋、上官，犯此，二年之内，主有腹疾、枷扭、失盗之厄，家业退败之祸。

人专　凡造作、嫁娶、移徙、上官、入宅、开店、葬埋、遇此，一年之内，主有贵子，三年之内，有官者升官，无官者所为吉庆，生财致富得外人力，僧道用之具吉。

立早　凡造作、嫁娶、开店、上官、赴任、修造、犯此，一年之内，人口散失，所为不利，家宅破亡，竖柱上梁，主匠人有血光之灾，阴人有口舌之祸。

以上九星，惟煞贡、直星、人专三星能解诸凶，百事大吉。

若遇金神七煞日，必凶。

金神七煞②：

甲年午未日　乙年辰巳日　　丙年子丑寅卯日

丁年戊亥日　戊年申酉日　　己年午未日

庚年辰己日　辛年子丑寅卯日　壬年戊亥日

癸年申酉日

【注释】

①本篇是九星值日吉凶一览，具体而详细地说明九星当值的吉凶情况，让我们有目的选择。

②金神七煞：丛辰名。凶煞。《协纪辩方书，义例·金神》称："金神者，太白之精，白兽之神。主兵戈、丧乱、水旱、瘟疫；所理之地，忌筑城池、营建宫室、竖楼阁、广园林、兴工、上梁、出军、征伐、移徙、嫁娶、远行、赴任；若干犯（冒犯）金神，其忌尤甚。"《堪舆经》："甲巳之年在午未申酉，乙庚之年在辰巳，丙辛之年子丑寅卯午未，丁壬之年在寅卯戌亥，戊癸之年在申酉子丑。"

逐月吉星总局
（月横看去，日直看下）①

月	正 二 三 四 五 六 七 八 九 十 十一 十二
天德②百事吉。	丁 申 壬 辛 亥 甲 癸 寅 丙 乙　巳　庚
月德百事吉。	丙 甲 壬 庚 丙 甲 壬 庚 丙 甲　壬　庚
天德合百事吉。	壬 巳 丁 丙 寅 巳 戊 亥 辛 庚　甲　乙
月德合百事吉，忌词讼。	辛 己 丁 乙 辛 己 丁 乙 辛 己　丁　巳
天喜（宜结婚姻，纳采求嗣，百事吉。）	戌 亥 子 丑 寅 卯 辰 巳 未　申　酉
天富（即满日。宜造葬，作仓库，百事吉。）	辰 巳 午 未 申 酉 戌 亥 子 丑　寅　卯
天贵（百事吉。）	春甲乙 夏丙丁 秋庚辛 冬壬　癸
天赦（宜疏狱涤冤，祀神还愿，百事吉。忌动土。遇开日是真天赦日，五月甲午日、十一月甲子日不赦。）	春戊寅 夏甲午 秋戊申 冬　甲　子
天福（宜上官、人宅、送礼，百事吉。）	己戊 辛庚 乙甲　丁丙 　　　癸壬
天成	未 酉 亥 丑 卯 巳 未 酉 亥　丑　卯　巳
天官	戌 子 寅 辰 午 申 戌 子 寅 辰　午　申
天医（即闭日。宜求医合药治病）	丑 寅 卯 辰 巳 午 未 酉 戌　亥　子
天马	午 申 戌 子 寅 辰 午 申 戌 子　寅　辰
天财	辰 午 申 戌 子 寅 辰 午 申 戌　子　寅
地财（宜人财）	巳 未 本 亥 丑 卯 巳 未 酉 亥　丑　卯
月财（宜开店，修仓库、作灶、出行、移徒）	午 巳 巳 未 酉 亥 午 巳 巳 未 酉 亥

月	正二三四五六七八九十十一十二
月恩（百事吉）。	丙丁庚己戊辛壬癸庚乙　甲　辛
月空（宜上疏、陈策、造床帐、修屋。）	壬庚丙甲壬庚丙甲壬庚　丙　甲
母仓（四季土王后己午日为母仓。）	春亥子夏寅卯秋辰丑戌未冬申酉
明星（宜上官、词讼、造葬，百事吉。）	申戌子寅辰午申戌子寅辰午
圣心	亥巳子午　丑未寅申卯酉辰戌
五富百事吉。	寅巳申亥寅巳申亥寅　巳　申
禄库宜人财	辰巳午未申酉戌亥子午丑　寅　卯
福生	酉卯戌辰亥巳子午丑未寅申
福厚	春寅　夏巳　秋申　冬亥
吉庆	酉寅亥辰丑午卯申巳戌　未　子
阴德	酉未巳卯丑亥酉未巳卯　丑　亥
活曜（与受死日同，则凶）	巳戌未子酉寅亥辰丑午　卯　申
解神（宜疏讼狱、解冤咒。）	申申戌戌子子寅寅辰辰午午
生气（宜修造、动土、种植，百事吉。）	子丑寅卯辰巳午未申酉戌亥。
普护（宜祈福、嫁娶、出行，百事吉。）	申寅酉卯戌辰亥巳子午　丑　未
益后（宜嫁娶、立嗣、纳婢，百事吉。）	子午丑未寅申卯酉辰戌　巳　亥
续世（宜同前。）	丑未寅申卯酉辰戌巳亥　午　子
要安（百事吉。）	寅申卯酉辰戌巳亥午子　未　丑
驿马（百事吉。）	申巳寅亥申巳寅亥申巳　寅　亥
官日（即将军。）	卯　午　酉　子
民日（即成熟。）	午　酉　子　卯
守日（即寡怨）	酉　子　卯　午

中国传统术数总集 第一辑

月	正二三四五六七八九十十一十二
旺日	甲乙寅卯丙丁巳午辛申酉壬癸亥子
相日	春巳午夏辰戌丑未秋亥子冬寅卯
三合（百事吉。）	午未申酉戌亥子丑寅卯辰巳 戌亥子丑寅卯辰巳午未申酉
六合（百事吉。）	亥戌酉申未午巳辰卯寅丑子
大红砂（百事吉。）	春戌子夏辰巳秋午未冬甲戌
天恩	百事吉。 四季何日是天恩，甲子乙丑丙寅连。 丁卯戊辰兼己卯，庚辰辛巳壬午言。 癸未隔求己酉日，庚戌辛亥亦同联。 壬子癸丑无差误，此是天恩吉日传。
天瑞	百事吉。 四季天瑞是何辰，戊寅己卯辛巳真。 庚寅壬子无差别，百事逢之瑞气临。
岁德	宜上官、拜表、进疏。 甲年在甲，乙年在庚，丙年在丙。 丁年在壬，戊年在戊，己年在甲。 庚年在庚，辛年在丙，壬年在壬。 癸年在戊。
显星	宜赴任、应举、入学、百事吉。即煞贡。

中国传统术数总集　第一辑

月			正二三四五六七八九十十一十二
神在 宜求福、祭祀，还愿。	甲子	乙丑	丁卯 戊辰
	辛未	壬申	癸酉 甲戌
	丁丑	乙卯	庚辰 壬午
	甲申	乙酉	丙戌 丁亥
	己丑	辛卯	甲午 乙未
	丙申	丁酉	丙午 丁未
	戊申	己酉	庚戌 乙卯
	丙辰	丁巳	戊午 己未
	辛酉	癸亥	
五合③ 百事吉。	甲寅乙卯日月合，宜祭祀、修造、嫁娶；戊寅己卯人民合，宜参谒、嫁娶；丙寅丁卯阴阳合，宜起造、营居；庚寅辛卯金石合，宜砌石、熔铸；壬寅癸卯江河合，宜渔猎、远行。		

【注释】

①月横看去、日直看下：原书为竖行，今改为横行，所以看月应竖向即从上向下，看日应横向即从左向右。下篇《逐日凶星总局》同此。

②天德：丛辰名。丛辰，星相家、选择家用语。指以阴阳五行配合年、月、日、时所定出的各种吉神凶煞。凡吉神所理之方，所在之时，宜为某事凡凶煞所理之方，所在之时则忌为某事，为吉星。

③五合：即日、月合，人民合，阴、阳合，金、石合，江、河合。合，指五星中两星或几星同居一舍。

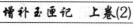

逐月凶星总局（月横看去，日直看下）

月	正二三四五六七八九十十一十二
天罡（一云：灭门，百事吉。）	巳子未寅酉辰亥午丑申　卯戌
天吏	酉午卯子酉午卯子酉午卯子
天瘟（忌修造、治病、作六畜栏。）	未戌辰寅午子酉申巳亥丑卯
天狱	子卯午酉子卯午酉子卯午酉
天棒（忌词讼。）	午申戌子寅辰午申戌子寅卯
天狗（每月满日，是宜开池、磨磨。）	辰巳午未申酉戌亥子丑寅卯
天狗下食（忌祭祀。是时。）	子丑寅卯辰巳午未申酉戌亥 亥子丑寅卯辰巳午未申酉戌
天地（正转忌动土。）	春癸卯夏丙午秋丁酉冬庚子
天地转杀忌动土。	春 乙卯 夏 丙午 秋 辛酉 冬 壬子 　　辛卯　　戌午　　癸酉　　丙子
月建转杀忌动土。春卯夏午秋酉冬子	
天贼（忌竖造、、动土、开仓库。）	辰酉寅未子巳戌卯申丑午亥
地贼（忌造葬、出行、开池、动土。）	丑子亥戌酉申未午巳辰卯寅
天火（忌盖屋、起造、修方。）	子卯午酉子卯午酉子卯午酉
地火（忌栽种五谷及花木。）	戌酉申未午巳辰卯寅丑子亥
月火独火（忌作灶、盖屋。）	巳辰卯寅丑子亥戌酉申未午
月厌大祸（忌嫁娶、出行。）	戌酉申未午巳辰卯寅丑子亥
月破	申酉戌亥子丑寅卯辰巳午未
月杀月虚（忌造门、开张。）	丑戌未辰丑戌未辰丑戌未辰
荒芜即九苦八穷日，百事凶。	春 巳酉 夏 申子 秋 亥卯 冬 寅午 　　丑　　辰　　未　　戌
受死百事忌，宜捕猎。	戌辰亥巳子午丑未寅申卯酉

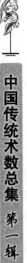

月	正二三四五六七八九十十一十二
死气官符（忌起造、安床。）	午未申酉戌亥子丑寅卯辰巳
四正废（宜合寿木。）	春 庚申辛酉 夏 壬子癸亥 秋 甲寅乙卯 冬 丙午丁巳
傍正废（吉星多可用。）	春庚辛夏壬癸秋甲乙冬丙丁
小红沙（百事忌。）	巳酉丑巳酉丑巳酉丑巳酉丑
黄沙（忌出行。）	午寅子午寅子午寅子午寅子
六不成（忌起造。）	寅午戌巳酉丑申子辰亥卯未
大耗（百事忌。）	午未申酉戌亥子丑寅卯辰巳
小耗（忌出入财物。）	巳午未申酉戌亥子丑寅卯辰
神隔（忌祭祀、求福。）	巳卯丑亥酉未巳卯丑亥酉未
人隔（忌嫁娶、进人口。）	酉未巳卯丑亥酉未巳卯丑亥
朱雀黑道（即飞流。忌、开门。）	卯巳未酉亥丑卯巳未酉亥丑
白虎黑道（忌葬埋。）	午申戌子寅辰午申戌子寅辰
玄武黑道（即阴私。忌葬埋。）	酉亥丑卯巳未酉亥丑卯巳未
勾陈黑道（即土字。）	亥丑卯巳未酉亥丑卯巳未酉
鲁班杀（忌竖造。）	春子夏卯秋午冬酉
斧头杀（忌起工、建造。）	春辰夏未秋酉冬子
木马杀（忌匠起工。）	巳未酉申戌子亥丑卯寅辰午
刀砍杀（忌针灸、穿割六畜。）	春亥子夏寅卯秋巳午冬申酉
披麻杀（忌嫁娶、。）	子酉午卯子酉午卯子酉午卯
五鬼（忌出行。）	午寅辰酉卯申丑巳子亥未戌
破败（忌造作器皿）	申戌子寅辰午申戌子寅辰午
殃败	卯寅丑子亥戌酉申未午巳辰
勾绞（与"大祸"同百事凶）	亥午丑申卯戌巳子未寅酉辰
雷公	寅亥巳申寅亥巳申寅亥巳申
临日（忌上官。）	午亥申丑戌卯子巳寅未辰酉
冰消瓦陷（百事忌。）	巳子丑申卯戌巳子丑申卯戌
河魁（一云祸。忌起造、安门。）	亥午丑申卯戌巳子未寅酉辰
飞廉大杀（忌收养六畜。）	戌巳午未寅卯辰亥子丑申酉
五虚	春 巳酉丑 夏 申子辰 秋 亥卯未 冬 寅午戌
枯鱼（忌栽种。）	辰丑戌未卯子酉午寅亥申巳

月	正二三四五六七八九十十一十二
往亡（赴任、出行、嫁娶、求谋。）	寅巳申亥卯午酉子辰未戌丑
九空（忌出行、求财、开仓库、种植。）	辰丑戌未卯子酉午寅亥申巳
八座地破（收日同。）	亥子丑寅卯辰巳午未申酉戌
血忌（忌针灸、穿割六畜。）	丑未寅申卯酉辰戌巳亥午子
重丧（忌嫁娶、起造、葬埋。）	甲乙己丙丁己庚辛己壬癸己
血支（忌针灸，穿割六畜。）	丑寅卯辰巳午未申酉戌亥子
重复（忌婚姻、葬埋。）	庚辛己壬癸戊甲乙己壬癸己
阴错（忌阴阳不足之辰，忌上官。）	庚辛庚丁甲乙甲癸壬癸 戌酉申未午巳辰卯寅卯寅丑子亥
阳错（忌出行、嫁娶、移居。）	甲乙甲丁丙丁庚辛庚癸壬癸 寅卯辰巳午未申酉戌亥子丑
四时大墓	春乙未夏丙戌秋辛丑冬壬辰
土禁	春亥　夏寅　秋巳　冬申
土府（建日同。忌动土。）	寅卯辰巳午未申酉戌亥子丑
土瘟	辰巳午未申酉戌亥子丑寅卯
土忌	寅巳申亥卯午酉子辰未戌丑
十忌	初六、二十三、十二、初八、十六、二十四、初九、二十七、初四、十四、二十、初六

四不祥日

忌：上官赴任。

上官初四不为祥。

初七十六最堪伤，十九更嫌二十八。

愚人不信必遭殃。

中国传统术数总集　第一辑

【注释】

四不祥日："四"指上官、赴任、临政、亲民等四件事。"四不祥日"指每月的初四、初七、十六、十九、二十八、共五个日。这五日不祥，是选择家以隔三为破，对七为冲，这几天都是月朔地支的冲破之日，如月朔为子日，子隔三即为"破卯"，对七即为"冲午"，则此月的初四、初七、十六、十九、二十八，非卯即午。余类推。

十恶大败日

百事忌

甲己年三月（戊戌），七月（癸亥），十月（丙申），十二月（丁亥）；

乙庚年四月（壬申），九月（乙巳）；

丙辛年三月（辛巳），九月（庚辰），十月（甲辰）；

戊癸年六月（己丑）。

丁壬年不忌。此是年干大败。

附　十恶日歌诀

甲辰乙巳与壬申，丙申丁亥及庚辰。

戊戌癸亥加辛巳，己丑都来十位神。

何谓十恶大败？乃十干无禄。如甲辰旬，甲禄在寅，乙禄在卯；甲辰旬，寅卯落空亡，人依禄养生，禄空何以养命？所以谓"十恶大败"。

【注释】

十恶大败日为六甲旬中十个日值禄人空亡日。指甲辰、乙巳、庚辰、辛巳、丙申、戊戌、丁亥、己丑、壬申、癸亥等十日。如甲禄在寅，己禄在卯，甲辰旬中寅卯为空亡，寅卯所对的辰巳为"虚"，所以甲辰、乙巳二日为无禄。余类此。又称无禄。这是被认为的极凶的神煞，应当百事回避。

伏断日

宜：小儿断乳、塞鼠穴、断白蚁。

子日（虚星）	丑日（斗星）	寅日（室星）	卯日（女星）
辰日（箕星）	巳日（房星）	午日（角星）	未日（张星）
申日（鬼星）	酉日（觜星）	戌日（胃星）	亥日（壁星）

忌：嫁娶。

【注释】

伏断日常常以二十八宿配日，以示吉凶祸福，通书上以每一元甲子年中的子、寅、酉日为伏断日。

上元下元日

忌：上官、赴任、临政亲民、入学。
　　阳乾阴巽起正轮，月上初一并顺寻。
　　巽上坤下为元日，上官入学并遭迍。

上下元日起法

甲丙戊庚壬为阳，正月起乾；乙丁己辛癸为阴、正月起巽。

如于正月乾上起初一，顺数到所用之日止。艮、坎、乾为三白日，离为九紫日，吉，亦可用；巽为四绿，上元日，坤为二黑，下元日，不可用。

上下元图

五阳年	上元 下元	乾 正七	坎 二八	艮 三九
		坤 六十二	离 五十一	巽 四十

五阴年	上元 下元	乾 四十五	坎 一六	艮 十二
		坤 三九	离 二八	巽 正七

甲丙戊庚壬五阳年

月	元					
正 七 月同	上	初四	初十	十六	二十二	二十八
	下	初六	十二	十八	二十四	三十
二 八 月同	上	初三	初九	十五	二十一	二十七
	下	初五	十一	十七	二十三	二十九
三 九 月同	上	初二	初八	十四	二十	二十六
	下	初四	初十	十六	二十二	二十七
四 十 月同	上	初一	初七	十三	十九	二十五
	下	初三	初九	十五	二十一	二十七
五 十一 月同	上	初六	十二	十八	二十四	三十
	下	初二	初八	十四	二十	二十六
六 十二 月同	上	初五	十一	十七	二十三	二十九
	下	初一	初七	十三	十九	二十五

乙丁己辛癸五阴年

正 七	月同	上	初一	初七	十三	十九	二十五
		下	初三	初九	十五	二十一	二十七
二 八	月同	上	初六	十二	十八	二十四	三十
		下	初二	初八	十四	二十	二十六
三 九	月同	上	初五	十一	十七	二十三	二十九
		下	初一	初七	十三	十九	二十五
四 十	月同	上	初四	初十	十六	二十二	二十
		下	初六	十二	十八	二十四	三十
五 十一	月同	上	初三	初儿	十五	二十一	二十七
		下	初五	十一	十七	二十三	二十九
六 十一	月同	上	初二	初八	十四	二十	二十六
		下	初二四	初十	十六	二十二	二十八

二十八宿值日上升时

日寅月卯水辰来，金巳土午木未该；
火到申时方上印，二十八宿值时排。

【注释】

上元下元日：元日，旧时的一种说法为凶日。上元日下元日的安排，是六阳年即甲、丙、戊、庚、壬年以小吉、空亡、大安、留连（上元），速喜、赤口（下元）为序逐日安排的，六阴年即乙、丁、己、庚、癸则以留连（上元），速喜、赤口（下元），小吉、空亡、大安为序依次安排的。

上朔日

忌：宴会作乐。

甲年（癸亥），乙年（己巳），丙年（乙亥），丁年（辛巳），戊年（丁亥），己年（癸巳），庚年（己亥），辛年（乙巳），壬年（辛亥），癸年（丁巳）。

【注释】

上朔日：朔有二义，一为"始"，一为"尽"，这里取"尽"义。甲年以癸亥为上朔日。余类推。古人认为，上朔日阴阳与德俱尽，不吉利，吉事应当回避。

火星日

忌：修造、起盖、砌灶、裁衣等事。

正、四、七、十月：乙丑，甲戌，癸未，壬辰，辛丑，庚戌，己未。

二、五、八、十一月：甲子，癸酉，壬午，辛卯，庚子、己酉，戊午。

三、六、九、十二月：壬申，辛巳，庚寅，己亥，戊申，丁巳。

【注释】

火星日为火星神煞当值日。火星是凶煞，属日神类神煞，宜避。

长短星日

忌：裁衣、纳财。

正月：初七，二十七。

二月：初四，十九。

三月：初一，十六。

四月：初九，二十五。

五月：十五，二十五。

六月：初十，二十。

七月：初八，二十三。

八月：初四，初五，十八，十九。

九月：初三，初四，十六，十七。

十月：初一，十四。

十一月：十一，二十二。

十二月：初九，二十五。

【注释】

长短星：指长星和短星。均为日神类神煞，按月取日数，如正月取初七、二十七日。余类此。

九土鬼日①

乙酉，癸巳，甲午，辛丑，壬寅，己酉，庚戌，丁巳，戊午。

忌：上官、出行、起造、动土、交易。

此星与建、破、平、收日相并则凶②，有吉星相并则不忌。

【注释】

①九土鬼：日神类神煞

②建、破、平、收、建除十二客中的四个神煞。"建"一般情况下为吉，但修造、动土之类的事还是不做为宜。"破"则万事不利，只能做破垣坏屋之类的事。"平"，万事皆宜，"收"，意味着事物的终结，因而收割五谷、修仓库等有利，初始之事为旅行、葬礼等则不利，应忌。

灭没日

忌：行船，出海。

弦日虚星　　晦日娄星　　朔日角星
望日亢星　　虚日鬼星　　盈日牛星

【注释】

灭没日：日神类神煞的一种。主要是不利于出行方面的事情，余事不忌。

水痕日

大月：初一，初七，十一，十七，二十三，三十。
小月：初三，初七，十二，二十六。
忌：造酒、合酱。

【注释】

水痕日：日神系统神煞，不适宜做与水有关方面的事情，尤其忌讳造酒、合酱。

人神所在日

不宜针灸。

初一日，在足大指；初二日，在外踝；初三日，在股内；初四日，在腰；初五日，在口；初六日，在手；初七日，在外踝；初八日，在腕；初九日，在尻；初十日，在腰背；十一日，在鼻柱；十二日，在发际；十三日，在牙齿，十四日，在胃脘；十五日，在偏身；十六日，在胸；十七日，在气冲；十八日，在股；十九日，在足；二十日，在内踝；二十一日，在小指；二十二日，在外踝；二十三日，在肝及足；二十四日，在手阳明；二十五日，在足阳明；二十六日，在胃；二十七日，在膝；二十八日，在阴；二十九日，在膝胫；三十日，在足踝。

每个天干日和每个时辰也不相同，列表如下：

甲日	乙日	丙日	丁日	戊日	己日	庚日	辛日	壬日	癸日
头	项	肩背	胸胁	腹	背	膝	脾	肾	足

子日	丑日	寅日	卯日	辰日	巳日	午日	未日	申日	酉日	戌日	亥日
目	耳	胸	足	腰	手	心腹	足	头	背	喉	项

子时	丑时	寅时	卯时	辰时	巳时	午时	未时	申时	酉时	戌时	亥时
踝	头	耳	面	项	乳	胸胁	腹	心	膝	腰阴	股

【注释】

人神是人体的主要部位和器官的神，而人神所在又随时日干支而变换，谓甲日在头、乙日在项，丙日在肩背等等。唐代医学家孙思邈《千金方》中有"灸法当避人神"之语，意思是人神所在之处须避针灸。本篇的人神所在日是从农历每月初一到三十排列的。各种变化就像上表所述。

中国传统术数总集 第一辑

先贤死葬日

忌入学求师。

孔子：乙丑日死，四月十八日乙丑日葬。仓颉：丙寅日死，辛未日葬。又忌：乙丑、丁巳日不宜饮酒作乐。

【注释】

这种趋吉避凶是对古代先贤教师的一种尊敬，一日为师终生为父。

彭祖百忌日

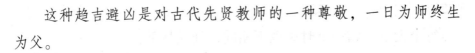

甲不开仓，财物耗亡；乙不栽植，千株不良。

丙不修灶，必见火殃；丁不剃头，头主生疮。

戊不受田，田主不祥；己不破券，二主并亡。

庚不经络，织机虚张；辛不合酱，主人不尝。

壬不决水，更难堤防；癸不词讼，理弱敌强。

子不问卜，自惹灾殃；丑不冠带，主不还乡。

寅不祭祀，鬼神不尝；卯不穿井，泉水不香。

辰不哭泣，必主重丧；巳不远行，财物伏藏。

午不苫盖，室主更张；未不服药，毒气入肠。

申不安床，鬼祟入房；酉不会客，宾主有伤。

戌不吃犬，作怪上床；亥不嫁娶，必主分张。

建宜出行，不可开仓；除呵服药，针灸亦良。

满可肆市，服药遭殃；平可涂泥，安机吉昌。

定宜进畜，入学名扬；执可捕捉，盗贼难藏。

破宜治病，必主安康；危可捕鱼，不利行船。

成可入学，争讼不强；收宜纳财，却忌安葬。

开可求治，针灸不祥；闭不竖造，只许安床。

【注释】

彭祖为传说中的寿星，一生活了800多岁，是我国最长寿的，人人都想长寿，所以深受大家的推崇。彭祖百忌日是后人在研究他的日常行为过程中，总结他的生活习惯，归纳在一起为彭祖百忌日，每句前面代表或天干或地支，或建支的日子。前十个日名用十天干表示，中十二个日名用十二地支表示，后十二个日名用建除十二客表示。一年之中不论何月日，遇之则忌。

杨公忌日

百事忌。

> 神仙留下十三日，举动须防多损失。
>
> 一切起造与兴工，不遭火盗定遭凶。
>
> 婚姻嫁娶亦非宜，不得到头终不吉。
>
> 人生出世遇此日，劳劳碌碌得还失。
>
> 安葬若还逢此日，后代儿孙必乞食。
>
> 上官赴任用此日，破贼多愁主革职。
>
> 得知广普传与人，子孙昌盛皆阴骘。

正月十三，二月十一，三月初九，四月初七，五月初五，六月初三，七月初一，二十九，八月二十七，九月二十五，十月二十三，十一月二十一，十二月十九。

月忌日

百事忌。

中国传统术数总集　第一辑

初五十四二十三，年年月月在人间。
从古至今有文字，口口相传不等闲。
无事游宕之社稷，李颜入宅丧三男。
初五犯着家长死，十四逢之身自当。
行船落水遭官事，皆因遇着二十三。

【注释】

月忌日是旧习俗中每月的禁忌之日。也是重要的忌日，大的神煞。每月三日，即：初五、十四、二十三。不宜出游、入宅、行船。

探病忌日

壬寅壬午连庚午，甲寅乙卯己卯妨。
神仙留下此六日，探人疾病替人亡。

【注释】

探病忌日指不能探病的凶日子。一共六个日子。这是古代人们一种迷信说法，认为在这六日探望病人，就会碰上瘟神，染上疾病，替人死亡，总之不吉祥。

鹤神方位图

【注释】

鹤神方位：出行不能抵去的方向。鹤神本为吉神，后来演变为南方民俗中的凶煞。鹤神以癸巳日上天，共十六日，至己酉日而下巡历四方，共四十四日。从癸巳至戊申的十六日中，一个在室，一个在天，而其在四方亦然。据此推测其义理，大约是以鹤神为凶煞。这样鹤神方向就是天罡地煞类凶煞在游行，自然不能抵向，这样就能趋吉避凶。

凡事避之大吉

（中央：癸巳日起至戊申日止此十六日鹤神在天宫无忌）

元旦出行吉日

宜从天德、月德、天德合、月德合吉方而行，忌鹤神游占之处。

鹤神日出游方

鹤神日避方

乙卯、丙辰、丁巳、戊午、己未五日，在正东，忌甲卯乙。

庚甲、辛酉、壬戌、癸亥、甲子、乙丑六日，在东南，忌辰巽巳。

丙寅、丁卯、戊辰、己巳、庚午五日，在正南，忌丙午丁。

辛未、壬申、癸酉、甲戌、乙亥、丙子六日，在西南，忌未坤申。

丁丑、戊寅、己卯、庚辰、辛巳五日，在正西，忌庚酉辛。

壬午、癸未、甲申、乙酉、丙戌、丁亥六日，在西北，忌戌乾亥。

戊子、己丑、庚寅、辛卯、壬辰五日，在正北，忌壬子癸。

癸巳起，至戊申止，此十六日，鹤神在天宫，无忌。

己酉、庚戌、辛亥、壬子、癸丑、甲寅六日，在东北，忌丑艮寅。

元旦日，忌从此方出行，若其日鹤神在天宫，宜行本日吉方。

鹤神月游方（吉神方向，未交立春节依此例用）

○正东	宜行正西	天德庚	月德庚
○东南	宜行正西东	天德庚合乙	月德庚合乙
○正南	宜行正西东	天德庚合乙	月德庚合乙
○西南	宜行正西东	天德庚合乙	月德庚合乙
○正西	宜行正东	天德合乙	月德庚合乙

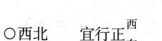

○西北　　宜行正 西/东　　天德 庚/合乙　　月德 庚/合乙

○正北　　宜行正 西/东　　天德 庚/合乙　　月德 庚/合乙

○东北　　宜行正 西/东　　天德 庚/合乙　　月德 庚/合乙

鹤神日游方（吉神方向，既交立春节依此倒用）

○正东　　宜行正 南/北　　天德合 丁/壬 正西月德合丙辛

○东南　　宜行正 北/西　　天/月 德合 丁/辛 正南 月德台两/天德丁

○正南　　宜行正 北　　天德合壬正南月德合辛

○西南　　宜行正 北/西　　天德合 壬/辛 正南天月德 丁/丙

○正西　　宜行正 北/南　　天德合 壬/丁 正西月德 丙/合辛

○西北　　宜行正 南/北　　天德合 丁/壬 正西月 丙/合辛

○正北　　宜行正 南/西　　天月德 丁/辛 正西月德 丙/合辛

○东北　　宜行正 南/北　　天德合 丁/壬 正西月德 丙/合辛

曜仙选择逐月吉凶日

曜仙曰："予尝定六十甲子，十二月内择克日辰，凡上官、赴任、出行、交易、开张、修造房屋仓库、上梁安门、婚姻嫁娶、葬埋一切等事，若遇天宁、地宁、人宁日，为上吉，天和、地和、人和日，为中吉，士人用之，加官进禄，庶人添财进喜，百事和谐，僧道昌盛。今将月日图列后。"

月横看去，日直看下。月横看，如正月是"和"，二月无字不此。日直看，如正月甲子、丙子、戊子、庚子、壬子[①]皆是"和"，如乙丑、丁丑、己丑、辛丑、癸丑无字不用，下仿此。

月	正	二	三	四	五	六	七	八	九	十	十一	十二
甲丙戊庚壬子	和		和	和		和	和		和	和	和	和
乙丁己辛癸丑		和		宁	宁			和		宁	宁	
甲丙戊庚壬寅	宁		宁	和	宁			和	宁		宁	
乙丁己辛癸卯	和		和		宁	和		和	宁			宁
甲丙戊庚壬辰	宁			和		宁	和		和	宁		
乙丁己辛癸巳	和	和			宁		和	宁		和		宁
甲丙戊庚壬午	和		和	和			和		和		和	和
乙丁己辛癸未	宁		和	和				宁	宁	和		
甲丙戊庚壬申		和	和		和	宁						宁
乙丁己辛癸酉			宁	和		和			和			
甲丙戊庚壬戌	和		宁	和		宁	和				和	
乙丁己辛癸亥	和							和	宁		和	宁

上官赴任天迁图

天迁圆图，按宫制顺逆，如大月初一日顺行，小月初一日逆行，按逐月月上起，初一数去，遇迁字，吉；遇颇、如、中，半吉；遇罪、失亡，俱凶。

假如正月大顺行，初一日迁、吉，初二颇、如，初三日，罪、亡，初四日失、亡，初五，凶、亡；初六，迁、中、初七，又值迁、吉，此大月顺数也。余皆仿此。

天迁图

上官赴任吉日①

宜：甲子，丙寅，丁卯，戊辰，己巳，庚午，乙亥，丙子，己卯，壬午，甲申，乙酉，丙戌，戊子，癸巳，己亥，庚子，壬寅，丙午，戊申，庚戌，辛亥，壬子，癸丑，庚申，辛酉。

忌：建、破、平、收、满、闭日②。

【注释】

①上官赴任吉日：文中的从甲子至辛酉为以事择日，而从建至闭则是以事择神。

②建……闭：均属建除十二客中的神煞。

临政亲民吉日①

宜：旺、官、民、相、守日②及六仪日③，大吉。

中国传统术数总集　第一辑

忌：建、破、平、收、满、闭日及上朔、九土鬼、凶败、死气、灭没、受死、废空亡、天吏、临日、雷公、飞流、天棒、阴私、土勃日，凶。

三奇日是乙、丙、丁。

六仪是戊、己、庚、辛、壬、癸。

【注释】

①临政亲民吉日：这是以事择神的一种应用。

②旺、官、民、相、守：月令神煞，善神，主吉。又称旺日、官日、民日、相日、守日，都是月内视事的吉辰。宜上官赴任、临政亲民、袭爵受封等，对官事特别有利。

③六仪术数用语。指戊、己、庚、辛、壬、癸的简称。《奇门遁甲术》中，甲隐于六仪之内。六仪与三奇分置于九宫，视"甲"之临，以占吉凶。

进表上疏吉日

宜：天月德、天月德合、月空、圣心、母仓、解神、定成日①。

忌：反支、天狱、天吏、临日、癸日②，及建、破、平、收、满、闭日。

反支日：

初一子丑（初六反支），初一寅卯（初五反支）。

初一辰巳（初四反支），初一午未（初三反支）。

初一申酉（初二反支），初一戌亥（初一反支）。

忌：进表上疏陈词讼。

又，反支日不论大月小月，每初一日遇子丑，初六日是反支，如初一日遇寅卯，初五日是反支，下仿此。

【注释】

①天月德……定成日：均为吉神煞。

②反支……癸日：均为日神煞。反支日用月朔为正，古人"恶其将尽"，故其日忌上表章。朔，农历每月初一为朔日。

袭爵受封吉日

甲子，丙寅，丁卯，庚午，丙子，戊寅，甲申，辛卯，癸巳，丁酉，壬午，己亥，庚子，壬寅，癸卯，辛亥，丁巳，戊午，庚申。

宜：天恩、天德、天赦、岁德、月德、旺、民、相、守、天喜，上吉日。

忌：破、平、收、闭、黑道、荒芜、伏断、灭没、受死、休废、凶败日。

应试赴举吉日

正月：乙丑，辛未，乙未，丁酉。

二月：丙寅，乙卯，辛卯，壬寅，癸卯，丙申，丁巳。

三月：癸酉，庚辰，丁酉，己酉。

四月：庚辰，甲辰，壬寅，甲子，庚子。

五月：甲申，乙庚，庚辰，甲辰，丁亥。

六月：丙寅，庚寅，甲寅。

七月：辛未，丁未。

八月：丙寅，庚寅，癸巳，乙巳，丁巳。

九月：己巳，癸巳，丁酉，己卯。

十月：庚辰，庚午，甲午，壬辰。

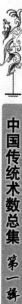

中国传统术数总集　第一辑

十一月：甲子，庚子，乙巳。

十二月：甲申，丙申，辛卯，癸卯，甲子，庚子，庚午。

入学吉日

甲戌，乙亥，丙子，癸未，甲申，丁亥，庚寅，辛卯，壬辰，乙未，丙申，癸卯，甲辰，乙巳，丙午，丁未，甲寅，乙卯，丙辰，庚申，辛酉。

宜：平、定、成、开、日。

忌：闭、破、先贤死葬日，并四废日。

习学技艺吉日

宜：天德、月德、天月德合、黄道、普护、福生、马月空[1]，及满、成、开日。

忌：正四废、赤口，六不成、十恶大败、荒芜、破日[2]。

【注释】

①天德、月德……马月空：月令神煞系统善神，主吉，做事常用之。

②正四废……荒芜：月令神煞系统凶煞，宜避。

冠笄吉日

甲子，丙寅，丁卯，戊辰，辛未，壬申，丙子，戊寅，壬午，丙戌，辛卯，壬辰，丙申，癸卯，甲辰，乙巳，丙午，丁未，甲寅，乙卯，辛酉，壬戌。

【注释】

冠笄：即冠礼和笄礼。古时男子行成年之礼。叫冠礼，古代女子行成年之礼。华夏族的成年礼，为男子冠礼，女子笄礼。经书记载，最早实行于周代。

小儿剃头吉日

初三欢乐，初四富贵，初五饮食，初七大吉，初八长命，初九吉，初十职禄，十一聪明，十三大吉，十四得财，十五大吉，十六益利，十九吉庆，二十二吉，二十三大吉，二十五财福，二十六祥瑞，二十九吉祥。

忌丁火日。初五日剃胎头，主儿黑；三十日剃胎头，主儿夭。

【注释】

丁火日即丁日子，因天干是火古称丁火日。

小儿断乳吉日

宜伏断月，忌五月、七月。

女子穿耳吉日

宜节日，忌月厌、血忌、血支，每月十五日。

诸葛武侯三元出行图^①

上元将军所管四孟月吉凶图^②

七月　　　正月

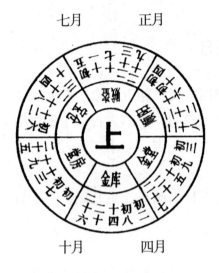

十月　　　四月

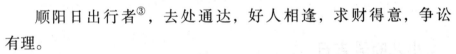

顺阳日出行者^③，去处通达，好人相逢，求财得意，争讼有理。

堂房日出行者，神道不在宅中，求财称意，贵人得之，大吉。

金堂日出行者，贵人相遇，财利通达，词讼有理，此日用之，大吉。

金库日出行着，车马不成，求财反失，路逢盗贼，大有失误，大凶。

宝仓日出行者，利见大人，求财遂心，百事如意，衣锦还乡，大吉。

盗贼日出行者，百事不利，枷锁临身，人亡财散，宜回避，不可用。

中元将军所管四仲月吉凶图④

　　天盗、天贼日出行者，求财不成，纵有主失脱，官事无理，大凶。

　　天门日出行者，凡事遂心，所求和合，去处通达，此日用之，大吉。

　　天堂日出行者，所求顺遂，贵人接引，买卖亨通，诸事如意，大吉。

　　天财日出行者，最宜求财，必定通利，好人相逢，百事和顺，大吉。

　　天仓日出行者，见官得喜，财源丰盈，凡事顺利，此日用之，大吉。

　　天睺日出行者，吉少凶多，主有口舌是非，血光之灾，此日大凶。

　　天阳日出行者，求财得财，求婚得婚，此日用之，大吉。

中国传统术数总集　第一辑

下元将军所管四季月吉凶图

九月　　　　三月

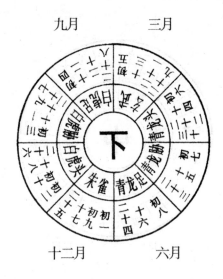

十二月　　　　六月

朱雀日出行者，求财不得，主反失财，见官无理，此日大凶。

白虎头日出行者，主宜远行，求财必得，去处通达，此日大吉。

白虎胁日出行者，求财如意，东西任行，南北利往，好人相逢，大吉。

白虎足日出行者，不宜远行，作事不成，求财不利，此日大凶。

玄武日出行者，主招口舌，百事不利，不可用之，此日大凶。

青龙头日出行者，宜鸡鸣时或卯时出门，求财通达，百事大吉。

青龙胁日出行者，求财遂心，凡事满意，东西南北任行，大吉。

青龙足日出行者，求财不得，见官没理，凡事不吉，不宜用此日，凶。

【注释】

①诸葛武侯即三国蜀汉名臣诸葛亮，自古以来，中国人中智慧的化身。

②上元将军：古代人把一年分为四个度，每个季度三个月，每个季度的第一个月称为上元，第二月称为中元或仲月，第三个月称为下元或秀月。

③顺阳一种神煞。和以下堂房、金堂等相同，都为神煞名。

④四仲月：每季的第二个月，即：二月、五月、八月、十一月。

出行通用吉日

甲子，乙丑，丙寅，丁卯，庚午，辛未，甲戌，乙亥，丁丑，己卯，甲申，丙戌，庚寅，辛卯，甲午，庚子，辛丑，壬寅，癸卯，丙午，丁未，己酉，癸丑，甲寅，乙卯，庚申。

宜：满、成、开日。

出行诀法

如正月用子午日，余仿此，巳日各月俱忌。

出行正子午，二申丑未辰。

三月寅申吉，四子卯为长。

五月寅申午，七午申最强。

八未申子亥，九子午吉祥。

十月子亥酉，十一子寅昌。

六未十二亥，每月巳宜防。

中国传统术数总集 第一辑

逐月出行吉凶日

黄道日吉，宜出行。黑道日凶，不宜出行。

口诀为：

建满平收黑，除危定执黄。

成开皆可用，闭破不相当。

【注释】

建、满、平、收与下面的除、危、定、执、成、开、闭、破均为建除十二客中神煞。建除十二客又称"十二直"。最初是象征十二辰，关涉月的吉凶，后来又转化为日的吉凶。各有吉凶。

出行十二时吉凶方向

子：东北凶，西南吉；   午：北吉，余凶；

丑：东南凶，西北吉；   未：西北吉，东南凶；

寅：四方吉；   申：北凶，余吉；

卯：南吉，余凶；   酉：四方吉；

辰：北吉，余凶；   戌：西北吉，东南凶；

巳：东北凶，西南吉；   亥：四方吉。

《碧玉经》出行忌日

初一：忌西行；

初八：南方忌；

十五：东行凶。

月晦：北不利；

【注释】

月晦为农历每月的最后一日。

四离四绝日

四离日

春分，秋分，夏至，冬至，俱前一日。

四绝日

立春，立夏，立秋，立冬，俱前一日。

四离四绝日忌行军、出行、上官、赴任、嫁娶，进人口、迁移。诸事不宜。

【注释】

"四离"为四季之始，"四绝"为四季之终，古人忌讳特多，不喜欢开头和结尾，崇尚一切按规律顺序发展，所以认为"四绝""四离"日办事情不吉祥。在术数家眼里还有一种认为，"四绝""四离"日是节气相交的空亡之日，诸事不吉。

四顺四逆日

四顺日

建宜行，成宜离，寅宜往，卯宜归，出行吉。

四逆日

申不行，酉不离，七不往，八不归，出行忌。

中国传统术数总集　第一辑

【注释】

四顺日：即建日、成日和寅日、卯日；四逆日：即申日、酉日和七日、八日。

天翻地覆时

忌：出军、出行、修造舟楫。

正月（巳亥时），二月（辰戌时）。

三月（申酉时），四月（巳申时）。

五月（丑卯时），六月（子午时）。

七月（酉亥时），八月（辰戌时）。

九月（卯酉时），十月（辰午时）。

十一月（寅未时），十二月（卯巳时）。

出行紧急不暇，当作四纵五横法

正身，齐足，立于门内，叩齿三十六遍，以男左女右手大拇指先画四纵，后画五横。画毕，咒曰：

"四纵五横，吾今出行，禹王卫道，蚩尤避兵，盗贼不得起，虎狼不得侵，行远归故乡。当吾者死，背吾者亡，急急如九天玄女律令。"

咒毕便行，慎勿回头。

每出行，将咒念七遍，画地，然后以土块压之自然吉矣。

【注释】

四纵五横法是《奇门遁甲》中的一种意念方法。这是一种"诸事不宜"的权变之法。所谓"权变之法"，是指遇有紧急之事，

不能等吉日到来，就权且选择一个吉时去作事，四纵五横法。九天玄女为上古神化的人物，风水的祖师。

商贾兴贩吉日

己卯，丙戌，壬寅，丁未，己酉，甲寅。

宜：成，开日。

行船吉日

宜：甲子，丙寅，丁卯，戊辰，己巳，辛未，戊寅，壬午，乙酉，戊子，辛卯，癸巳，甲午，乙未，庚子，辛丑，壬寅，癸卯，丙辰，戊午，己未，辛酉。

宜：成、开、满日。

附忌：灭没日、水痕日、破日。

大月：初一，初七，十一，十七，二十三，三十。

小月：初二，初七，十二，二十六。

许真君传授龙神会日

忌：行船。

正月：初三，初八，十一，二十五，月尽，龙会。

二月：初三，初九，十二，月尽，龙神朝玉帝。

三月：初三，初七，二十七，龙神朝星斗。

四月：初八，十二，十七，十九，龙会太白。

五月：初五，十一，二十九，天地龙王朝玉帝。

六月：初九，二十七，地神龙王朝玉帝。

七月：初七，初九，十五，二十七，神杀大会。

八月：初三，初八，二十七，龙神大会。

九月：初八，十五，二十七，龙神朝玉帝。

十月：初八，十五，二十七，东府君朝玉帝。

开张店肆吉日

与开仓、入仓、出宝、藏宝日同用，宜成、满、开日。

甲子，乙丑，丙寅，己巳，庚午，辛未，甲戌，乙亥，丙子，乙卯，壬午，癸未，甲申，庚寅，辛卯，乙未，己亥，庚子，癸卯，丙午，壬子，甲寅，乙卯，己未，庚申，辛酉。

立契交易吉日

辛未，丙子，丁丑，壬午，癸未，甲申，辛卯，乙未，壬辰，庚子，戊申，壬子，癸卯，丁未，乙未，甲寅，乙卯，辛酉。

宜：天德、月德，执、成日。

忌：长、短星。

入宅移居吉日

甲子，乙丑，丙寅，戊辰，庚午，丁丑，戊寅，乙酉，庚寅，壬辰，癸巳，乙未，壬寅，癸卯，甲辰，丙午，辛亥，癸丑，丙辰，丁巳，壬戌。

买田地房产吉日

辛未，丙子，丑丁，壬午，癸未，甲申，辛卯，壬辰，乙未，庚子，癸卯，丁未，戊申，壬子，甲寅，乙卯，己未，辛酉，宜定、成日。

出财放债与纳财收债吉日

出财放债吉日

丁丑，乙酉，庚辰，辛亥，乙卯，辛酉，庚午，己巳。
宜：成、满日，大利。
忌：破日。

纳财收债吉日

乙丑，丙寅，壬午，庚寅，庚子，乙巳，丙午，甲寅，辛酉。
宜：天德、月德、平、满、收日。

五谷入仓吉日

庚午，己卯，辛巳，壬午，癸未，乙酉，己丑，庚寅，癸卯。
宜：天德、月德、平、满、收日。

分家产吉日

宜：天贵、天富、天财、地财、月财、禄库吉神日。
忌：天贼、伏断、灭没凶神日。
正月：己卯，壬午，癸卯，丙午。
二月：己酉，辛未，癸未，乙未，己亥，己未。
三月：甲子，己卯，辛卯，庚子，癸卯。
四月：乙丑，庚午，壬午，辛亥，己卯，癸卯。
五月：辛未，丙辰，己未，甲辰，戊辰。

中国传统术数总集　第一辑

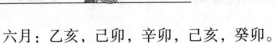

六月：乙亥，己卯，辛卯，己亥，癸卯。

七月：丙辰，戊辰，庚辰，壬辰。

八月：乙丑，乙巳，甲戌，乙亥，己亥，庚申。

九月：庚午，壬午，丙午，辛酉。

十月：甲子，丙子，戊子，庚子。

十一月：乙丑，乙亥，丁丑，己丑，癸丑。

十二月：辛卯，癸卯，庚申，乙卯，壬申。

大明吉日

此二十一日。乃天地开通、太阳所照之处，百事用之大吉。

辛未，壬申，癸酉，丁丑，乙卯，壬午，甲申，丁亥，壬辰，乙束，壬寅，甲辰，乙巳，丙午，己酉，庚戌，辛亥，丙辰，己未，庚申，辛酉。

大偷修日

此八日，凶神朝天，修造大吉。

壬子，癸丑，丙辰，丁巳，戊午，己未，庚申，辛酉。

【注释】

大偷修日是日类神煞，书上说这些日子，凶神都上天朝见天帝去了，人们可以趁机大行修建营造之事，而不犯凶。就在现在的习俗中，还被经常采用，据说很实用，有待考证。

起造吉日

己巳，辛未，甲戌，乙亥，乙酉，己酉，壬子，乙卯，己未，庚申。

宜：成，开日。

盖屋吉日

甲子，戊子，壬子，乙巳，辛丑，甲寅，戊寅，庚寅，乙卯，癸卯，甲辰，戊辰，己巳，癸巳，癸未，乙未，乙亥，甲申，戊申，癸酉，乙酉，己癸，己亥，辛亥。

动土开基吉日

甲子，癸酉，戊寅，己卯，庚辰，辛巳，甲申，丙戌，甲午，丙申。戊戌，己亥，庚子，甲辰，癸丑。

宜：天德、月德、月空、天恩、黄道，及除、定、执、成、开日。

忌：土瘟、土府、土忌、天贼、月建与天地转杀、九土鬼与建、破、平、收日同前凶。

癸未、乙未、土公死葬日忌动土，戊午日，黄帝死日忌动土，犯之大凶。

【注释】

动土开基是一个重大的事情，一定要找适宜的日子才能吉祥顺到获福慎重，慎重。

平基吉日

甲子，乙丑，丁卯，戊辰，庚午，辛未，己卯，辛巳，甲申，乙未，丁酉，己亥，丙午，丁未，壬子，癸丑，甲寅，乙卯，庚

申，辛酉。

宜忌同前动土开基。

筑墙宜伏断日、闭日，吉。

起工架马吉日

己巳，辛未，甲戌，乙亥，戊寅，己卯，壬午，甲申，乙酉，戊子，庚寅，乙未，己亥，壬寅，癸卯，丙午，戊申，乙酉，壬子，乙卯，己未，庚申，辛酉。

宜：天德、月德、月空、三奇、帝星诸吉神。

忌：正四废，天地贼，火星，月破，荒芜，四绝，灭没，赤口，大小空亡，斧头杀，木马杀，刀砧杀，凶败日。

【注释】

四废日为春辛酉庚申、夏癸亥壬子、秋乙卯甲寅、冬丁巳丙午，合为"四废"。"四废"和以下诸星辰均为凶煞，在选择时都宜慎忌。

定磉扇架吉日

甲子，乙丑，丙寅，戊辰，己巳，庚午，辛未，甲戌，乙卯，戊寅，己卯，辛巳，壬午，癸未，甲申，丁亥，戊子，己丑，庚寅，癸巳，乙未，辛酉，戊戌，己亥，庚子，壬寅，癸卯，丙午，戊申，乙酉，壬子，癸丑，甲寅，乙卯，丙辰，丁巳，己未，庚申，辛酉。

宜：天月德、天月德合、天福、天喜、天恩、月恩、及满、平、成、闭日，吉。

忌：四正废、天地贼、天地火日。

【注释】

磉（sāng）：柱子底下的石礅。

竖柱吉日

丙寅，辛巳，戊申，己亥。
又宜：寅，申、巳、亥为四柱日。

【注释】

四柱日：命相家年、月、日、时，统称为"四柱"。每柱均由天干地支二字组成，在此指日子里带有寅、申、巳、亥的四柱日。

上梁吉日

甲子，乙丑，丁卯，戊辰，己巳，庚午，辛未，壬申，甲戌，丙子，戊寅，庚辰，壬午，丙戌，戊子，庚寅，甲午，丙申，丁酉，戊戌，己亥，庚子，辛丑，壬寅，癸卯，乙巳，丁未，己酉，丁巳，辛亥，癸丑，乙卯，己未，辛酉，癸亥。
宜忌与"定磉"同。
若竖柱、上梁同日，则不必再择日。

门光星吉日

庚寅日、门神死日忌。
六月：初一，初二，初三，初七，初八，十一，十三，十四，十八，十九，二十，二十四，二十五，二十九，三十。
小月：初一，初二，初六，初七，十一，十二，十三，十七，

十八，十九，二十三，二十四，二十八，二十九。

附　作门忌

春不作东门，夏不作南门。
秋不作西门，冬不作北门。

【注释】

作门忌主要是春天东方旺，夏天南方旺，秋天西门旺，冬天北门旺。

造仓库吉日

春季：己巳，丁巳，丁未。
夏季：己巳，甲午。
秋季：乙亥，壬午。
冬季；辛未，庚寅，壬辰，乙未，乙亥，丙辰。
宜：成、开日。

附　修仓库吉日

甲子，乙丑，丙寅，丁卯，壬午，甲午，乙未。
宜：满日。

修作厨房吉日

丙寅，己巳，辛未，戊寅，己卯，甲申，乙酉，壬子，甲寅，乙卯，己未，庚申。
宜：成、开日。

作灶吉日

宜：向西南，吉；东北，凶。

甲子，乙丑，己巳，庚午，辛未，癸酉，甲戌，乙亥，癸未，甲申，壬辰，乙未，辛亥，癸丑，甲寅，乙卯，乙未，庚申。

正、二月：戌、丑日。

三、四月：子、卯日。

五、六月：寅、巳日。

七、八月：辰、未日。

九、十月：午、酉日。

十一、十二月：申、亥日。

祈祀灶神吉日

丁卯，壬申，癸酉，甲戌，乙亥，己卯，庚辰，甲申，乙酉，丁亥，己丑，丁酉，癸卯，甲辰，丙午，己酉，辛酉，癸丑，乙丑，辛酉，癸亥。

宜：除、成、开日，每月六癸日，二、八月社日。

【注释】

社日指的古代祭祀社神（土神）日。分为春秋两次，一般以立春后第五个戊日为春社日，立秋后第五个戊日为秋社日，在春分、秋分前后。

安床吉日

甲子，乙丑，丙寅，丁卯，己巳，庚午，辛未，甲戌，丙子，丁丑，庚辰，辛巳，乙酉，丙戌，丁亥，戊子，癸巳，丁酉，戊戌，己亥，庚子，壬寅，癸卯，甲辰，乙巳，丙午，甲寅，乙卯，丙辰，丁巳，戊午，己未，辛酉，壬戌。

宜：开、危日。

忌：建、破、平、收日，及申日。

造床忌宿歌

安床并忌。

心昴奎娄箕尾参，危宿逢之总不安；

造床若犯此星宿，十个孩儿九个亡。

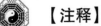

【注释】

忌宿：这里的忌宿。均为二十八宿中的星宿。

合帐裁衣吉日

甲子，乙丑，戊辰，己巳，癸酉，甲戌，丙子，丁丑，己卯，丙戌，丁亥，戊子，己丑，庚寅，壬辰，癸巳，甲午，乙未，丙申，戊戌，庚子，辛丑，癸卯，甲辰，乙巳，癸丑，甲寅，乙卯，丙辰，戊申，辛酉，壬戌。

合帐喜：房、箕、斗、宿日。

裁衣喜：成、开日。

忌：天贼、火星、长短星。

角：安稳，亢得食，房益衣，斗美味，牛进喜，虚得粮，壁获宝，奎得财，娄增寿，鬼吉祥，张逢欢，翼得财，轸长久。

写真画像吉日

甲子，丙寅，丁卯，戊辰，己巳，乙丑，辛巳，壬午，癸未，庚寅，辛卯，壬辰，癸巳，己亥，庚子，辛丑，乙巳，丁巳，甲申，壬寅，癸卯。

宜：天月德，天恩，天福，福生，福厚，要安，圣心，天瑞，生气，阴德，益后，续世日。

忌：天瘟，受死，独火，四废，勾绞，神隔及建、破日。

【注释】

古人把写真画像看得很神圣，很神秘，认为关系着人的运气，甚至生死，所以一定要择吉而行。宜吉神，忌凶煞。

彩画绳墨吉日

宜：天德、月德、天月德合、天月恩、天福、天喜、显星、黄道、上吉。及成、开日。

忌：火星、天火、地火、独火，凶日。

起缸作染吉日

宜：黄道、天月德、天月德合、天月恩、显星，上吉一益后，续节、生气、福生、母仓、天地正转，及除、成、定、危、开、闭日。

忌：河魁、天贼、地贼、天瘟、月厌、火星、死气，止四废、天休废、空亡、灭没、伏断、荒芜、月破日。

中国传统术数总集 第一辑

合寿木开生坟吉日

宜：大小空亡，正四废、傍四废，通天窍日，吉。

忌：天瘟、重丧、受死、月建、转杀、木呼、木髓及建、破日，凶。

正月 二月 三月 四月 五月 六月 七月 八月 九月 十月 十一月 十二月

木呼杀　壬申庚子　　戊辰 庚戌 丁亥 己未 己未
　　　　　　　　　　戊申 丙戌 己巳 己卯 庚申

辛酉 壬戌丁巳　癸未 乙丑
　　　　　　　己酉 乙丑

木髓杀　辰 寅 申 卯 午 申 己 丑 寅 卯 午 未
　　　　申 子 戌 申 酉 辰 酉 酉 亥 亥 酉 辰

【注释】

大小空亡、正四废、傍四废：日神系统吉神。详见前注。通天窍：日辰类星煞。通书认为，通天窍所在之方，凡修造埋葬、开山立向，不问太岁三煞官符大将军诸凶煞，并能镇之。又称窍马，三合前方，三合后方。木髓杀都是日神系统凶煞。

修造舟楫吉日

宜：天恩、月恩、天月德合、要安、月财，平、定、成日。

忌：风波、白浪、河伯、张宿、咸池、水痕、触水龙日、大恶时及天翻地覆时。

造船起工与修造工起日同。合底，起厥、安梁头与竖柱、上梁日同。

船开头，忌天贼、地贼、火星、伏断、正四废、执破、灭没、受死日。

盖船蓬与盖屋日同。忌天火、天贼、八风破日。

船舱宜伏断、收、闭日。忌执、破日。

新船下水与出行日同。宜、忌与修造日同，申日不宜。

耕种吉日

甲子、乙丑、丁卯，己巳，庚午，辛未，癸酉，乙亥，丙子，丁丑，戊寅，己卯，辛巳，壬午，癸未，甲申，乙酉，丙午，己丑，辛卯，壬辰，癸巳，甲午，乙未，丙申，戊戌，己亥，庚子，辛丑，壬寅，癸卯，甲辰，丙午，戊甲，己酉，癸丑，甲寅，丙辰，丁巳，戊午，己未，庚申，辛酉，癸亥。

浸谷吉日

甲戌，乙亥，壬午，乙酉，壬辰，乙卯。

下秧吉日

辛未，癸酉，庚寅，壬午，甲辰，乙巳，丙午，丁未，戊申，己酉，乙卯，辛酉。

栽禾吉日

庚午，壬申，癸酉，己卯，辛巳，壬午，癸未，甲午，癸卯。甲辰，己酉。

宜：收、开日。

割禾吉日

庚午，壬申，癸酉，己卯，辛巳，壬午，癸未，甲午，癸卯，甲辰，己酉。

宜：收、成、开日。

开凿池塘吉日

甲子，乙丑，甲申，壬午，庚子，辛丑，辛亥，癸巳，癸丑，辛酉，戊戌，乙巳，丁巳，癸亥。

宜：成、开日。

忌：魁罡、死气、土瘟、天百空亡，凶日，天百空亡，初五，初七，十三，十六，十七，十九，二十一，二十七，二十九。

天狗守塘吉日①

春兔夏马良②，秋鸡③冬鼠藏。有人会得此，獭耗不来塘。

【注释】

①天狗为月神系统凶煞
②兔指卯日。马指午日。
③鸡指酉日，鼠指子日

穿井修井吉日

穿井吉日

甲子，乙丑，甲午，庚子，辛丑，壬寅，乙巳，辛亥，辛酉，癸酉。

修井吉日

庚子，辛丑，甲申，癸丑，乙巳，丁巳，辛亥。

开沟吉日

甲子，乙丑，辛未，己卯，庚辰，丙戌，戊申。
宜开、平日。

作厕吉日

丙子，丙寅，戊辰，丙申，庚子，壬子，丙辰，为天聋日，百事吉。

乙丑，丁卯，己卯，辛巳，乙未，丁酉，己亥，辛丑，辛亥，癸丑，辛酉，为地哑日，百事吉。
宜伏断、闭日。

谢土吉日

庚午，丁丑，甲申，癸巳，庚子，丁未，甲寅，癸亥。

禳造作魇昧法

曜仙曰：凡梓人造房、瓦人覆瓦。石人甃砌，五墨绘饰，皆有魇镇诅咒。其建造之初，必先祭告方隅、土木等神。其祭文曰：
"兹——建造屋宇，其土木、泥石、绘画之人，所有魇镇诅咒，不出百日，乃使自受其殃这。预先盟于群灵，则灾祸无干于我，使彼自受，而我家宅宁矣。"
造船者亦依此例。
如梓人，最忌倒用木植，必生气，根下而梢上，其魇者，倒用木植，使人家不能颠进，作事颠倒。解法：以斧又击其木，曰："倒好倒好，住此宅内，世世温饱。"

有造前梁，临上乃移为后梁。魇者曰："前梁调后梁，必定先死娘。"卯眼内放竹楔，魇者曰："于卯眼内放竹楔，不动自哭。"使人家屋内，常有哭声。

有刻一木人，写咒于身，以钉钉于屋上，钉眼令瞎，钉耳令聋，钉口令哑，钉心令心有疾，钉门使房主不得在家，令出门不得安居屋内。

如钉床，以竹钉十字钉之，或画人形纸符于内，使卧床之人疾病不安。此梓人魇镇之法。

如瓦匠，所魇有令脊中安土人、船伞之类，或壁中置一匙一箸，曰："只许住一时、"其家必破。

如瓷砌，门限阶基之下，用荷叶包饭于下，以箸十字安在上，令人有呕噎之疾。

如砌灶，用木人，以马尾吊烟囱中，火气熏之，则木人相撞，令夫妇相打，或有以瓦刀朝寝处或厅堂者，使有刀兵相杀。

石匠凿人形置柱石，又绘画匠绘画梁栋，皆有魇咒，不可不知。

凡梓人造作魇镇诅咒者，必以墨签插在首，令他不插，则不灵矣。

破解法： 人家造屋完成，用水一盆，令本宅男女各执柳枝蘸水绕屋洒之，咒曰："木郎木郎，速去他方，作者自受，为者自当，所有魇昧与我无干，急急如太上律令敕！"如此，遍屋洒咒，则无患矣。

【注释】

襄：消除，破除，魇（yǎn）昧：旧时迷信，术士用祈祷鬼神或暗中诅咒来害人的一种巫术。又作"厌魅"。具体方法见正文。

梓人古代的木工、瓦人、泥瓦匠、石人古代石匠。

求医治病吉日

己酉，丙辰，壬辰。

宜：天医、生气、普护、要安、神住，及执、除、成、开口。

合药服药吉日

合药吉日

戊辰，己巳，庚午，壬申，乙亥，戊寅，甲申，丙戌，辛卯，丙午，辛亥，乙未，己未。

宜：除、破、开日。

服药吉日

乙丑，壬申，癸酉，乙亥，丙子，丁丑，壬申，甲申，丙戌，己丑，壬辰，癸巳，甲午，丙申，丁酉，戊戌，己亥，庚子，辛丑。戊申，己酉，癸酉。

宜：除、破、开日。

男忌除，女忌收，又忌未日，满日。

逐月斩草破土吉日

正月：丁卯，壬午，庚午。

二月：庚午，壬午，甲午，丙午。

三月：壬申，甲申。

四月：甲子，乙丑，丁卯，庚午，庚辰，壬午，辛卯，壬辰，

101

庚子，癸卯，甲辰，癸丑。

五月：壬寅，癸卯，甲寅。

六月：丁卯，壬申，甲申，辛卯，丙申，癸卯，乙卯。

七月：甲子，丁卯，己卯，壬午，辛卯，壬辰，甲辰，癸丑。

八月：乙丑，壬辰，甲辰，癸丑。

九月：丁卯，庚午，壬午，辛卯，癸卯，丙午，乙卯。

十月：甲子，丁卯，庚午，辛未，丙午，乙卯。

十一月：戊辰，己巳，壬申，甲申，乙未。丙申。

十二月：壬申，甲申，丙申，壬寅，甲寅，戊申。

吉二十八宿：房，尾，斗，室，壁，胃，毕，鬼，张，轸。余宿不利。

忌：天瘟、土瘟、重丧、重复、天贼、地破、四时大墓，阴阳错重日。

安葬吉日

壬申，癸酉，壬午，甲申，乙酉，丙申，丁酉，壬寅，丙午，己酉，庚申，辛酉。此十二日乃大葬日，上吉。

庚午，壬辰，甲辰，己巳，甲寅，丙辰，庚寅。此七日乃小葬日，次吉。

忌：重丧、重复、天贼、天罡、河魁、阴错、阳错、土禁。

逐月安葬吉日

正月：癸酉，丁酉，己酉，丙寅，壬午，乙酉，壬寅，丙午，辛酉。

二月：丙寅，壬申，甲申，庚寅，丙申，壬寅，己未，庚申。

三月：壬申，癸酉，壬午，甲申，乙酉，丙申，丁酉，丙午，庚申，辛酉。

四月：癸酉，壬午，乙酉，丁酉，己酉，辛酉。

五月：壬申，甲申，庚寅，丙申，壬寅，甲寅，庚寅。寅日宜葬，忌开金井。

六月：壬申，癸酉，甲申，己酉，庚寅，丙申，壬寅，甲寅，庚申，辛酉。

七月：癸酉，乙酉，丁酉，己酉，壬申，丙子，甲申，壬辰，丙申，丙申，壬子，丙辰。

八月：壬申，甲申，庚寅，壬辰，壬寅，丙辰，庚申，乙巳，丁巳。

九月：丙寅，壬午，庚寅，壬寅，丙午。

十月：庚午，丙子，甲辰，丙午，丙辰。

十一月：壬申，甲申，庚寅，丙申，壬寅，甲辰，甲寅，庚申，壬子。申日宜葬，忌开金井。

十二月：壬申，癸酉，甲申，乙酉，丙申，壬寅，甲寅，庚申，壬子。申日宜葬，忌开金井。

逐月安葬，忌：魁罡，勾绞，重丧，重复，八座冰消，阴阳错及建、破、收日。

附　安葬日周堂图

其图只论月分大小，不论节气。大月初一，从父向男顺数，小月初一，从母向女逆数，一日一位数，值亡人则吉：如值人，则出外少避一下，惟停丧在外者，则不论。

大明大空天光星

太阳与太阴会合，以为合朔，临到本山大明大空，宜修造，迁坟、动土，不拘三杀、巡山、罗睺、铁帚、剑锋、官府、六十九辰、一百二十禁忌。神杀诸般空亡、恶杀尽皆四避，潜藏拱伏，主添进人口、田宅、奴婢、畜蚕，五谷丰收，家门安泰，加官进职；儒士登科，富贵荣华。若修寿山，主寿命延长，大致福禄，无所不利。

正月：析木寅，日月合朔在壬亥二山；

二月：大火卯，日月台朔在乾戌二山；

三月：寿星辰，日月合朔在辛酉二山；

四月：鹑尾巳，日月合朔在庚申二山；

五月：鹑火午，日月合朔在坤未二山；

六月：鹑首未，日月合朔在丁午二山；

七月：实沈甲，日月合朔在丙乙二山；

八月：大梁酉，日月合朔在巽辰二山；

九月：降娄戌，日月合朔在己卯二山；

十月：陬訾亥，日月合朔在甲寅二山；

十一月：玄枵子，日月合朔在艮丑二山；

十二月：星纪丑，日月合朔在癸子二山。

诗曰：**动山明天星，修造鬼神惊；**

有缘方遇此，千金莫示人。

太阳乃星中天子，万宿之祖，诸吉之先，丘更时出，诸星皆没，至尊极贵，吉曜遇之，增助光辉，凶星逢之，拱手剑伏。专论坐山照向、坐向照山、坐方照方，三合相照，极为有力。如大寒后四日入子女二度，另出子方到癸，则对照午丁皆可禀光，若三合到子，则申辰二方得光，若到癸，则巽庚二方亦有余辉矣。主添丁旺财进加官，无所不利。

安葬从权法

择大寒节五日后，立春节之前，乃新旧岁官交承之时，先择日破土，又择吉日安葬，如开山立向，不忌年月日时克山家，更不忌太岁月家诸凶神杀，就立春前谢墓，或于来年寒食节后清明节内，用人夫工匠，尽一日之内，加土谢墓，则无禁忌。

设从权之法：如遇贫乏之家，或死于四、五月或六、七月炎蒸酷热之天，衣食尚且不足，棺木自然薄削，臭秽莫堪，岂可久停，必致败害，故不得已，从权葬之，术士宜谅。丧家稍有力者，则抬出阴幽之所，掘土压之，使伏土气，免致败害。另择吉日埋葬，使生人致福，死者得安，乃术士仁人之心，亦丧家子孙之幸也。

【注释】

古人认为人死后，丧家必须选择吉日葬之，还能趋吉避凶。但有时会遇到特殊情况，如丧家贫穷，或人死于炎热的夏天，可变通一下，先行下葬，待日后再"另择吉日埋葬"。可见古人择吉，也是有限度、有条件的，并非事事拘守成规。另外安葬从权法有两种：一种为"乘凶"埋葬（详下篇）。另一种为："乘乱"埋葬。即在大寒五日后到立春前这段时间里，择日下葬，可无所禁忌。这是利用神煞交接班的空当，不过一定要在立春前或来年寒食节、清明节加土谢墓。

乘凶葬法

如死者三日之内，或七日或七旬日之内，择日安葬，不忌年月诸凶，不须昭告地祇。斩草名曰盗葬。当日清早开圹，尽一日之内或坟三日之内谢墓，或大寒节五日后，或清明节先后谢墓亦可。

【注释】

乘凶葬法：不忌年月诸凶而葬。这也是一种从权法。具体方法见正文。

禳镇重丧法

用白纸做函一个，用黄纸原书四字，放置函内，放棺上，同出大吉。

正二六九十二月，硃书六庚天刑，

三月硃书六辛天建，四月硃书六壬天牢，

五月硃书六癸天气，七月硃书六甲天福，

八月硃书六乙天德，十月硃书六丙天成，

十一月硃书六丁天阴。

【注释】

重丧是一个比较严重的大凶煞，通至则发凶，一定要破。这种方法是以善神驱除凶神。

除灵罢服吉日

壬申，丙子，甲申，辛卯，丙申，庚子，阿午，戊午，己酉，辛亥，壬子，乙卯，己未，庚申，戊寅，乙未，戊申，癸丑。

宜除日。

附　除灵周堂图

大月初一起。
从父向男顺数；
小月初一起；
从母向孙逆数。
一日过一位数。
至亡字则吉。
宜用值人，损人不宜用。

买马吉日

宜：成、收日。
乙亥，乙酉，戊子，壬辰，乙巳，壬子，己未。

附　作马枋吉日

甲子，丁卯，辛未，乙亥，己卯，甲申，辛卯，丁酉，戊戌，庚子，壬寅，乙巳，壬子。

买牛吉日

宜成，收、开日。
丙寅，丁卯，庚午，丁丑，癸未，甲申，辛卯，丁酉，戊戌，庚子，庚戌，辛亥，戊午，壬戌。
正月寅午戌日。
六月亥卯未日。

附　作年栏吉日

甲子，乙巳，庚午，甲戌，乙亥，阿子，庚辰，壬午，癸未，庚寅，庚子。

《牛黄经》又有四吉日：戊辰，戊午，己未，辛酉。

蚕养浴吉日

甲子，丁卯，庚午，壬午，戊午。

附　出蚕吉日

甲子，庚午，癸酉，庚寅，乙酉，甲午，乙巳，甲申，壬午，乙未，癸卯，丙午，丁未，戊申，甲寅，戊午。

宜收、成、开日。

收蜂割蜜吉日

宜天德、月德、天月德合、月财、母仓、五福日。

忌天贼、天瘟、受死、大耗、小耗、月厌、月杀、月破、天火、九空、四方耗。

宜忌诗：除危定执旺蜂家，建满平收生黑鸦。

更有成开宜可用，破闭从来不用他。

附　蜂王杀诗

春忌甲寅并庚辛，夏忌辰戌巳双神。

秋忌戊辰冬丙戌，此是蜂王大杀神。

打猎网鱼吉日

宜月杀、飞廉、上朔及执、危、收日。

壬寅、癸卯日、江河合、宜渔猎。

霜降后立春前执、危、收日，宜猎兽。

雨水后立夏前执，危、收日，宜捕鱼。

忌天恩、天赦、月恩、五虚、大小空亡日及开日。

买猪吉日

甲子，乙丑，癸未，乙未，甲辰，壬子，癸丑，丙辰，壬戌。

忌：破群日。

附　出猪凶口

亥不出猪。又，忌破群日。

破群日：庚寅及庚申，壬辰与戊辰，甲寅并己卯，六日是破群。

作猪圈吉日

甲子，戊辰，壬申，甲戌，庚辰，戊子，辛卯，辛巳，甲午，乙未，庚子，壬寅，癸卯，甲辰，己巳，戊申，壬子。

猪圈门宜高二尺，阔一尺五寸。放水惟寅申二位吉，水流申周年重千斤，水流寅与乙，白水喂猪也自肥。

附　修猪圈吉日

宜：申子辰日。

忌：正四废、飞廉、刀砧、天地贼、受死日。

买鸡鹅鸭吉日

甲子，乙丑，壬申，甲戌，壬午，癸未，甲午，丁未，甲辰，乙巳。

忌：破群日。

作鸡鹅鸭栖吉日

乙丑，戊辰，癸酉，辛巳，壬午，癸未，庚寅，辛卯，壬辰，乙未，丁酉，庚子，辛丑，甲辰，乙巳，壬子，丙辰，丁巳，戊午，壬戌。

宜：满、成、开日。
忌：刀砧、大小耗、四废。

抱鸡鹅鸭卵吉日

宜：天月德、生气、福生、益后、黄道日。
忌：月杀、月厌、月破、血忌、血支、死气、休废、四废、天地贼、大小耗、天瘟、空亡、闭日。

纳猫吉日

甲子，乙丑，丙午，丙辰，壬午，庚午，壬子。
宜：天德、月德、生气日。
忌：飞廉日。

附　相猫法

猫儿身短最为良，眼用金银尾用长。

面似虎威声振喊，老鼠闻之立使亡。

又法：露爪能翻瓦，腰长会走家。

面长鸡绝种，尾大懒如蛇。

纳犬吉日

辛巳，壬午，乙酉，壬辰，甲午，乙未，丙午，丙辰，戊午。

宜：龙虎日，吉。　　　忌：戌日，不吃犬。

上梁日忌二十八宿中七星

角、亢、奎、娄、鬼、牛、星。

忌天火日。　　　　　忌红沙日。

忌天克地冲日。　　　忌冲宅主命。

忌岁破日。

假如上梁是子日，宅主是午命，犯冲，不可用。余仿此。

殡葬日忌二十八宿中七星

角、亢、奎、娄、鬼、牛、星。

忌天火日。　　　　　忌红沙日。

忌小红沙日。　　　　忌天克地冲日。

忌岁破日。　　　　　忌冲亡人命。

忌冲孝子命。

假如亡人、孝子是子相，葬用午日为冲命。若是亡人、孝子是寅相，葬用申日为冲命，不可用。余仿此。

中国传统术数总集　第一辑

增补玉匣记 下卷（1）

阴阳五行及风水择吉篇

天干五行

甲乙东方木，丙丁南方火。
庚辛西方金，壬癸北方水。
戊己中央土。

【注释】

天干五行这里说的是天干与五行和五方的关系。五行学说是中国古代朴素的唯物论和自发的辩证法思想。如下表：

天干	甲乙	丙丁	庚辛	壬癸	戊己
方位	东	南	西	北	中
五行	木	火	金	水	土

地支五行

亥子北方水，寅卯东方木。
巳午南方火，申酉西方金。
辰戌丑未四隅土。

五行相生

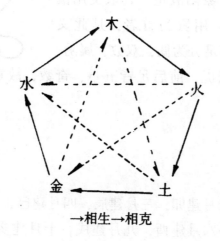

→相生→相克

据上图可知，木，火，土，金，水之间，邻则相生，隔一相克。

五行相克

金克水，木克土，土克水，水克火，火克金。

中国传统术数总集　第一辑

十二属相掌诀图

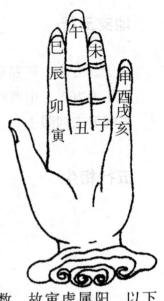

子鼠，丑牛，寅虎，卯兔。

辰龙，巳蛇，午马，未羊。

申猴，酉鸡，戌狗，亥猪。

十二属相因何用鼠为首，以足分别阴阳？奇偶故也。即如子时属阳，上四刻乃昨夜之阴，下四刻乃今日之阳。鼠前足四爪象阴，后足五爪象阳故也。其取义用鼠足，有阴阳之分，用鼠为首者，是此义也。如丑属牛，其足分为偶，双数，属阴，故丑牛是阴；寅属虎，前后足皆五爪，奇数，故寅虎属阳。以下仿此。

十二月建

正月建寅，二月建卯，三月建辰，四月建巳，五月建午，六月建未，七月建申，八月建酉，九月建戌，十月建亥，十一月建子，十二月建丑。

【注释】

十二月建如下表：

月分	11	12	1	2	3	4	5	6	7	8	9	10
地支	子	丑	寅	卯	辰	巳	午	未	申	酉	戌	亥

地支相冲

子午相冲，丑未相冲，寅申相冲。
卯酉相冲，辰戌相冲，巳亥相冲。

地支相穿

如嫁娶男女，是子年生，不可用未日，犯穿六害。
子未相穿，丑午相穿，寅巳相穿。
卯辰相穿，申亥相穿，酉戌相穿。

【注释】

地支相穿：穿又叫害，就是彼此相害的意思，宜避用。

地支三合

凡嫁娶男命与女命，三合，六合皆吉。
申子辰合水局，巳酉丑合金局。
寅午戌合火局，亥卯未合木局。

地支六合

子与丑合，寅与亥合，卯与戌合。
辰与酉合，巳与申合，午与未合。

年上起月

假如甲巳年，用甲巳之年丙作首。正月起丙寅，二月，丁卯，

中国传统术数总集　第一辑

三月，戊辰，顺数去，下仿此。此又叫五虎遁。

甲巳之年丙作首，乙庚之岁戊为头。

丙寅使向庚寅起，丁壬壬寅顺流行。

戊癸年从何处起，申寅之上好追求。

【注释】

年上起月：这是一种由年的干支推算月的干支的方法。

日上起时

如甲己日，用"甲己还加甲"之句，子时上甲子，丑时是乙丑，顺数去，下仿此。

甲己还加甲，乙庚丙作初。

丙辛从戊起，丁壬庚子居。

戊癸何方发，壬子是真途。

【注释】

日上起时：这是由日的干支推算时的干支的方法，以上口诀也称为"五鼠遁日起时法"。

起天月德法

天德

凡嫁娶，宜用天德日，诸凶杀避之。

正丁二坤宫 正月丁 二月申	三壬四辛同 三月壬 四月辛	
五乾六甲上 五月亥 六月甲	七癸八艮逢 七月癸 八月寅	

九丙十居乙　九月丙
　　　　　十月乙　　　　子巽丑庚中　十一月巳
　　　　　　　　　　　　　　　　　　十二月庚

月德

凡嫁娶，宜用。

这是一种以月份地支，结合日期天干反映出来的吉星，规律是：

寅午戌月在丙，申子辰月在壬，

亥卯未月在甲，巳酉丑月在庚。

【注释】

起天月德法：天月德即天德和月德，二者均为吉神。这里说的是由月的干支推算天德和月德二神当值时辰的方法。

起天月德合法

天德合

如天德正月在丁，与壬合，如正月见壬，即是天德合。

正月壬，二月己，三月丁，四月丙，五月寅，六月乙，七月戊，八月亥，九月辛，十月庚，十一月甲，十二月乙。

月德合

每月与月德天干合，即是。

正月辛，二月己，三月丁，四月乙，五月辛，六月巳，七月丁，八月乙，九月辛，十月己，十一月丁，十二月乙。

【注释】

起天月德合法：天月德合即天德合和月德合，二者均为吉神。

这里说的是由月的干支推算天德合和月德合当值时辰的方法。

黄黑道用事吉日

如嫁娶，选择之日皆吉，维是黑道，命新人穿黄鞋，解之大吉。

建满平收黑，除危定执黄。

成开皆可用，闭破不相当。

又，黄黑道日当用之事。

建宜出行收嫁娶，定宜冠带满修仓。

破除疗病执宜捕，危本安床开葬良。

成开作所成交吉，平乃作事总平常。

【注释】

黄道日和黑道日。一般用字面意思即可，但也不能绝对的吉凶，根据具体的择日。

喜神喜怒歌

如嫁娶，喜神生怒，另择福纳亦可；

甲己端坐乙庚睡，丙辛怒色皱双眉；

丁壬吃得醺醺醉，戊癸原来喜笑谁。

【注释】

喜神喜怒歌：这首歌是说"丙辛"日喜神发怒。不宜嫁娶，甲乙、丁壬、戊癸则无不宜。

福神方位歌

甲乙东南是福神，丙丁正东是堪宜。
戊北己南庚辛坤，壬在乾方癸在西。

【注释】

在本书中所讲，福神是有方位的：
在甲、乙当头的干支日，福神在东南方。
在丙、丁当头的干支日，福神在东方。
在戊当头的干支日，福神在北方；在己当头的干支日。福神在南方；在庚辛当头的干支日，福神在西南方。
在壬当头的干支日，福神在西北，雀癸当头的干支日。福神在西方。

财神方位歌

甲乙东北是财神，丙丁向在西南寻。
戊己正北坐方位，庚辛正东去安身。
壬癸原来正南坐，便是财神方位真。

【注释】

此财神方位如同上面所说都是干支日。

贵人月份方位歌

甲戊兼牛羊，乙己鼠猴乡。
丙丁猪鸡位，壬癸蛇兔藏。

中国传统术数总集 第一辑

庚辛逢马虎，此是贵人方。

凡占周易卦，用此，又叫天乙贵人。

日破败五鬼方

甲巳东南乙庚辰，丙辛正北君休问。

丁壬西北定是真，戊癸莫向西南奔。

如甲日或巳日，五鬼在东南方，当避之。

【注释】

破败五鬼：凶煞。

男女属相配婚

俗名断头婚，又谓穿心六害，所以当避。

从来白马怕青牛，羊鼠相逢一旦休。

蛇见猛虎如刀断，猪遇猿猴不到头。

龙逢兔儿云端去，金鸡见犬泪交流。

【注释】

此即为地支六刑。

女命行嫁大利月

正七迎鸡兔，二八虎合猴。

三九蛇共猪，四十龙合狗。

女命	子午	丑未	寅申	卯酉	辰戌	巳亥
大利月	六十二	五十一	二八	正七	四十	三九
媒人小利月	正七	四十	三九	六十二	五十一	二八
翁姑①	二八	三九	四十	五十一	六十二	正七
父母	三九	二八	五十一	四十	正七	六十二
夫主	四十	正七	六十二	三九	二八	五十一
本身	五十一	六十二	正七	二八	三九	四十

阳前阴后一吉辰，正七首子及媒人。

二八月妨翁与姑，三几女之父母身。

四十乃妨夫主身，五十一月妨自身。

子午寅申辰戌顺，丑未卯酉巳亥逆。

又，附起例

首句："阳前阴后一吉辰"，如女命子年生，子乃阳，年前是丑，丑乃十二月，当用二十月为的，此乃古理。如十二月诸多妨碍，无上吉日，只可从权便择六月吉用。

【注释】

翁姑：又称"舅姑"，指公公和婆婆。

翁姑禁忌

翁忌天罡，姑忌河魁。

子年忌鼠马，逢寅牛羊凶。

辰年猴虎忌，午年鸡兔逢。

申年龙狗避，戌年蛇猪惊。

阳年翁方忌，阴年两无凶；

子年忌鸡兔，寅年龙狗凶。

辰年蛇共猪，午年鼠马逢。

中国传统术数总集 第一辑

申年牛羊忌，戌年虎猴惊。

姑年若逢此，便是河魁星。

如子年行嫁，翁忌鼠马，姑忌鸡兔。

男命禁婚年

不宜娶亲。

如男命用子年娶亲，忌本身属蛇。

子年禁蛇相，丑年禁马相。

寅年禁羊相，卯年禁猴相。

辰年禁鸡相，巳年禁狗相。

午年禁猪相，未年禁鼠相。

申年禁牛相，酉年禁虎相。

戌年禁兔相，亥年禁龙相。

男娶婚所忌者，当年太岁前五相是也。

女命禁行嫁年

不宜出闺。

如女命用子年行嫁，忌本身属兔。

子年忌兔相，丑年忌虎相。

寅年忌牛相，卯年忌鼠相。

辰年忌猪相，巳年忌狗相。

午年忌鸡相，未年忌猴相。

申年忌羊相，酉年忌马相。

戌年忌蛇相，亥年忌龙相。

起法：每从卯上起子，逆数到本年太岁止，遇何属相，即是忌婚，不宜出闺。

嫁娶不将图

是书云：凡嫁娶须择不将吉日，取干支比和为不将。何为干支比和？阴将阳将之说。今将嫁娶不将原图录出，以备考查，令学者一见即知，方不致有错耳。

如正月，月厌在戌，厌对在辰，逆行十二辰，自辛至巽为前为阳，自乾至乙为后为阴，丑时不冠带，亥日不嫁娶。

正月	月厌在戌	七月	月厌在辰
	厌对在辰		厌对在戌
二月	月厌在酉	八月	月厌在卯
	厌对在卯		厌对在酉
三月	月厌在申	九月	月厌在寅
	厌对在寅		厌对在申
四月	月厌在未	十月	月厌在丑
	厌对在丑		厌对在未

五月	月厌在午	十一月	月厌在子
	厌对在子		厌对在午
六月	月厌在己	十二月	月厌在亥
	厌对在亥		厌对在已

　　如正月，月厌在戌，天干用丙、丁、庚、辛、地支用子、丑、寅、卯。如正月起丙子、丙寅、丁丑、丁卯、庚子、庚寅、辛丑、辛卯，此为干支比和，阴阳不将。至于戊己居中央，戊属阳，用阳支，己属阴，用阴支，当取戊子、戊寅、己卯。为何不用戌、亥、丑、辰四支？戌是月厌，辰是厌对，丑不冠带，辰不嫁娶，凡十二月内，皆不用月厌，厌对与丑、亥日，如正月丙午、丙申、戊午、戊申、己巳、己未、己酉，皆是阳将，如壬子、壬寅、癸丑、癸卯，皆是阴将。《书》云："阴将女死，阳将男亡，阴阳俱将，男女俱伤，阴阳不将，乃得吉昌。"月厌妨翁，厌对妨姑，诸月仿此。

　　假如正月壬戌日是月厌，辛酉日在厌前，癸亥日在厌后，皆为干支自配。余仿此类推。

　　不将日宜嫁娶，再有天月德合，更吉。

　　今选定每月不将日开后：

正月	丙 子寅	丁 亥丑卯	庚 子寅	辛 亥丑卯	己 丑卯
二月	庚 戌子寅	己 亥丑	丁 亥丑	丙 戌子寅	乙 亥丑

三月	酉 已 丑	酉 丁亥 丑	丙 戌子	酉 乙亥 丑	甲 戌子
四月	丁 酉亥	申 丙戌 子	酉 乙 亥	申 甲戌 子	戊 戊申 子
五月	丙 申戌	未 乙酉 亥	甲 申戌	申 戊戌	未 癸酉 亥
六月	乙 未酉	午 甲申 戌	戊 午申 戌	癸 未酉	午 壬申 戌
七月	乙 已未 酉	甲 午申	戊 午申	癸 已未 酉	壬 午申
八月	甲 辰午 申	戊 辰午 申	癸 已未	壬 辰午 申	辛 已未
九月	己 卯已 未	癸 卯已 未	壬 辰午	辛 卯已 未	庚 辰午
十月	癸 卯已	壬 寅辰 午	辛 卯已	庚 寅辰 午	己 卯已
十一月	壬 寅辰	辛 丑卯 已	庚 寅辰	己 丑卯 已	丁 丑卯 已

中国传统术数总集　第一辑

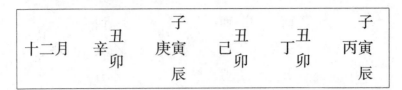

| 十二月 | 辛 | 丑 / 卯 | 庚寅 辰 | 己 | 丑 / 卯 | 丁 | 丑 / 卯 | 丙寅 辰 |

虽是不将日可用，须要不与男女命刑冲克害方好。如男女命申年生，不可择寅日相和、亥日相穿。如子年生，不可择午日相冲、未日相穿。余仿此，再不犯当梁、勾绞星，不妨翁姑，方为可用。

女命行嫁忌日

女命嫁日，犯当梁、勾绞星。

假令女命子相，即从子上起建，顺数到卯位，是平，为当梁，数到酉位，是收，为勾绞，忌卯酉二日，不可用。丑相忌辰戌二日，寅相忌巳亥二日，卯相忌子午二日，辰相忌丑未二日，巳相忌寅申二日，午相忌卯酉二日。未相忌辰戌二日，申相忌巳亥二日，酉相忌子午二日，戌相忌丑未二日，亥相忌、寅申二日。

纳婿周堂图

附　纳婿定亲吉日

只论月份大小，不论节气。大月从夫向姑顺数，小月从户向厨逆数，遇公、姑、夫、弟不用也。

附　纳婿定亲吉日

丙寅、丁卯、戊寅、己卯、丙戌、戊子、壬辰、癸巳、壬寅、癸卯、丙

午、丁未、壬子、甲寅、乙卯、丁巳、戊午、己未。

忌建、破、魅星、勾绞日、宜黄道、三合、定、成等日是也。

嫁娶周堂图

只论月份大小，不问节气。大月从夫向姑顺数，小月从妇向灶逆数，如遇翁，姑而无翁姑，亦可用。

天狗星四季方向

天狗星，犯之者，主无嗣。新人进门下轿，忌踏天狗头尾。

天狗头忌公姑克子	春酉方	午方	卯方	子方
天狗尾妨夫主	春卯方	夏子方	秋酉方	冬午方
天狗口	春寅方	巳方	申方	亥方
天狗腹丰当年有子	春午方	卯方	子方	酉方
天狗背主三年有子	春子方	酉方	午方卯方	
天狗前足丰六年有子	春戌方	夏未方	秋辰方	冬丑方
天狗后足 主九年有子	春辰方	丑方	戌方	未方

【注释】

天狗：妖星。有形，故分头，尾、口、腹、背、足。

太白日游之方

忌迎婚、嫁娶。

正东　　初一、十一、二十一　　　　东南　　初二、十二、二十二

正南　　初三、十三、二十三　　　　西南　　初四、十四、二十四

正西　　初五、十五、二十五　　　　西北　　初六、十六、二十六

正北　　初七、十七、二十七　　　　东北　　初八、十八、二十八

中央　　初九、十九、二十九　　　　在天　　初十、二十、三十

【注释】

太白是为太白金星的简称，为天上星辰之一。

诸日起吉时歌

寅申须加子，卯酉却居寅。

辰戌龙位上，己亥午上存。

子午临申地，丑未戌相寻。

青龙明堂与天刑，朱雀金匮天德神。

白虎玉堂天牢黑，玄武司命共勾陈。

如寅申日，子时是青龙，丑时是明堂，寅时是天刑，卯时是朱

雀，辰时是金匮，数至亥时是勾陈。余仿此。

青龙、明堂、金匮、天德、玉堂、司命，皆吉时；其余皆凶时，不可用。

娶送女客忌三相

申子辰年蛇鸡牛，巳酉丑年虎马狗。

寅午戌年猪兔羊，亥卯未年龙鼠猴。

如女命属龙，即是辰年，生辰前一数巳，五数酉，九数丑。所以忌是蛇、鸡、牛。《通书》云："太岁门前一五九。未解明白。"今凡选择多有用本年娶亲，太岁论岂不错误。原是女命本生年，太岁一五九方是。

【注释】

所忌的三相为自身属相前倒数的一、五九位对应的年月。

上下车轿方

寅卯辰女面向西，巳午未女面向北。

申酉戌女面向东，亥子丑女面向南。

宜：背本命。如遇五鬼、死门在此方，或迎喜神，亦可。

【注释】

寅卯辰指女孩的十二生肖属相，即宜坐不宜对。

安床坐帐方

寅卯辰女，堂房西间，南方东间，坐丙向壬；

中国传统术数总集　第一辑

巳午未女，东房北间，西房南间，坐庚向甲；

申酉戌女，堂房西间，南房东间，坐壬向丙；

亥子丑女，东房北间，西房南间，坐甲向庚。

【注释】

天干地支所属方向详前注。

选择嫁娶婚元书式

万福之源，或写"福寿双全"，或写"婚元选择"。（此行写在全柬前正中而靠上）

乾　　造

　　　　年　　岁　　月　　日　　时健生

坤　　造

　　　　年　　岁　　月　　日　　时健生

（此二条或起八字，或写年月亦可。写在全柬里面头一二幅上。）

谨遵

万全通书合时宪时历理选择嫁娶吉期

一主婚翁命　年　岁　不犯天罡福寿大吉。

一主婚姑命　年　岁　不犯河魁福寿大吉。

一主婚男命　年　岁　不犯命星喜庆大吉。

一行嫁女命　年　岁　不犯岁星喜庆大吉。

一娶嫁择于本年　月　日时进宅大吉。

一娶送女客忌属　三相以及妊娠之妇避之大吉。

一冠带择于本日　时面向　方梳妆上头大吉。

一安床帐宜用　房　间　房　间坐向合叠大吉。

一新人上下车轿俱宜面向　方迎禧大吉。

一路逢井石庙宇俱宜用红毡遮之大吉。

一迎门置鞍糕令新人抱箴子红绢帛及明镜大吉。

天地氤氲　咸恒庆会

金玉满堂　长命福贵

【注释】

乾造：指男方，即新郎。

坤造：指女方，即新娘。

起日贵人歌

凡选择卯、辰、巳、午、未、申六时者，宜用阳贵方向。

甲羊戊庚午，乙猴己鼠求。

丙鸡丁猪位，壬兔癸蛇游。

六辛逢虎上，阳贵日中俦。

起夜贵人歌

凡选择酉、戌、亥、子、丑、寅六时者，宜用阴贵方向。

甲午戊庚羊，乙鼠己猴乡。

丙猪丁鸡位，壬蛇癸兔藏。

六辛逢午马，阴贵夜时当。

六十花甲子纳音诸神方向

六十日	纳音	喜神	阳贵	阴贵	福神	财神	五鬼	生门	死门
甲子日	海中金	东北	西南	东北	东南	东北	东南	东北	西南
乙丑日		西北	西南	正北	东南	东北	东北	东北	西南
丙寅日	炉中火	西南	正西	西北	正东	正西	正北	东北	西南
丁卯日		正南	西北	正西	正东	正西	西北	正西	正东
戊辰日	大林木	东南	东北	西南	正北	正北	西南	正西	正东
己巳日		东北	正北	西南	正南	正北	东南	正西	正东
庚午日	路旁土	西北	东北	西南	西南	正东	东北	东南	西北
辛未日		西南	东北	正南	西南	正东	正北	东南	西北
壬申日	剑锋金	正南	正东	东南	西北	正南	西北	东南	西北
癸酉日		东南	东南	正东	正西	正南	西南	正南	正北
甲戌日	山头火	东北	西南	东北	东南	东北	东南	正南	正北
乙亥日		西北	西南	正北	东南	东北	东北	正南	正北
丙子口	涧水水	西南	正西	西北	正东	正西	正北	正北	正南
丁丑日		正南	西北	正西	正东	正西	西北	正北	正南
戊寅日	城头土	东南	东北	西南	正北	正北	西南	西北	正南
己卯日		东北	正北	西南	正南	正北	东南	西北	东南
庚辰日	白蜡金	西北	东北	西南	西南	正东	东北	西北	东南
辛巳日		西南	东北	正南	西南	正东	正北	西北	东南

中国传统术数总集 第一辑

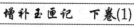

六十日	纳音	喜神	阳贵	阴贵	福神	财神	五鬼	生门	死门
壬午日	杨柳木	正南	正东	东南	西北	正南	西北	正东	正西
癸未日		东南	东南	正东	正西	正南	西南	正东	正西
甲申日	泉中水	东北	西南	东北	东南	东北	东南	正东	正西
乙酉日		西北	西南	正北	东南	东北	东北	西南	东北
丙戌日	屋上土	西南	正西	西北	正东	正西	正北	西南	东北
丁亥日		正南	西北	正西	正东	正西	正北	西南	东北
戊子日	霹雳火	东南	东北	西南	正北	正北	西南	东北	西南
己丑日		东北	正北	西南	正南	正北	东南	东北	西南
庚寅日	松柏木	西北	东北	西南	正东	东北	东北	东北	西南
辛卯日		西南	东北	正南	正东	正北	正北	正西	正东
壬辰日	长流水	正南	正东	东南	正南	西北	西北	正西	正东
癸巳日		东南	东南	正东	正西	正南	西南	正西	正东
甲午日	沙中金	东北	西南	东北	东南	东北	东南	东南	西北
乙未日		西北	西南	正北	东南	东北	东北	东南	西北
丙申日	山下火	西南	正西	西北	正东	正西	正北	东南	西北
丁酉日		正南	西北	正西	正东	正西	正北	正南	正北
戊戌日	平地木	东南	东北	西南	正北	正北	西南	正南	正北
己亥日		东北	正北	西南	正南	正北	东南	正南	正北
庚子日	壁上土	西北	东北	西南	西南	正东	东北	正北	正南
辛丑日		西南	东北	正南	西南	正东	正北	正北	正南
壬寅日	金箔金	正南	正东	东南	西北	正南	西北	正北	正南

中国传统术数总集 第一辑

六十日	纳音	喜神	阳贵	阴贵	福神	财神	五鬼	生门	死门
癸卯日		东南	东南	正东	正西	正南	西南	西北	东南
甲辰日	覆灯火	东北	西南	东北	东南	东北	东南	西北	东南
乙巳日		西北	西南	正北	东南	东北	东北	西北	东南
丙午日	天河水	西南	正西	西北	正东	正西	正北	正东	正西
丁未日		正南	西北	正西	正东	正西	正北	正东	正西
戊申日	大驿土	东南	东北	西南	正北	正北	正南	正东	正西
己酉日		东北	正北	西南	正南	正北	东南	西南	东北
庚戌日	钗钏金	西北	东北	西南	西南	正东	东北	西南	东北
辛亥日		西南	东北	正南	西南	正东	正北	西南	东北
壬子日	桑柘木	正南	正东	东南	西北	正南	西北	东北	西南
癸丑日		东南	东南	正东	正西	正南	西北	东北	西南
甲寅日	大溪水	东北	西南	东北	东南	东北	东南	东北	西南
乙卯日		西北	西南	正北	东南	东北	东北	正西	正东
丙辰日	沙中金	西南	正西	西北	正东	正西	正北	正西	正东
丁巳日		正南	西北	正西	正东	正西	正北	正西	正东
戊午日	天上火	东南	东北	西南	正北	正北	西南	东南	西北
己未日		东北	正北	西南	正南	正北	东南	东南	西北
庚申日	石榴木	西北	东北	西南	西南	正东	东北	东南	西北
辛酉日		西南	东北	正南	西南	正东	正北	正北	正北
壬戌日	大海水	正南	正东	东南	西北	正南	西北	正北	正北
癸亥日		东南	东南	正东	正西	正南	西南	正南	正北

看阳宅要诀

大凡学阳宅，入门最易，精妙处全在学者用心细究，无不明通。先将乾、坎、艮、震、巽、离、坤、兑八方记清，再分四正、四隅门者。四正门者，乃是正东、正西、正南、正北；四隅门者，乃是东北、东南、西北、西南，四角之方也。再将大游年、七星歌记熟，安在八方门上顺布。假如坐南向北四方宅，大门在西北，即是乾门，用"乾六天五祸绝延生"之句，大门是乾，坎宫是六，艮宫是天，震宫是五，巽宫是祸，离宫是绝，坤宫是延，兑宫是生。下余七门，皆从大门顺布。游年、七星歌再分东四、西四宅。坎、离、震、巽为东四，乾、坤、艮、兑为西四。凡东四大门。总要配东四主房，西四大门，亦要配西四主房，或东四犯西四，或西四犯东四，皆主不吉。后列七星临八卦图与游年歌，再加左辅、右弼，共是九星，名为八门套九星，内有九星之吉凶，令学者一看便知。再分静宅、动宅、变宅、化宅，皆不出乎八门九星、五行生克之理耳。今略补当要几条，令学者入门后，若再有不明之处，可看《阳宅大全》或《阳宅集成》，其讲究甚详。至欲求其精妙，要在善学者之自悟云尔。

【注释】

此言多来自八宅派阳宅风水，现代风水有多种派系，在使用时都很灵验，准确，应多看多学一些则会更好。

大游年歌

乾六天五祸绝延生　　坎五天生延绝祸六

巽天五六祸生绝延　　震延生祸绝五天六

中国传统术数总集 第一辑

艮六绝祸生延天五　　离六五绝延祸生天

坤天延绝生祸五六　　兑生祸延绝六五天

（注明：此"大游年歌"在以后有专门注解。）

九星所属阴阳凶吉

生气　贪狼木星属阳，上吉；

天乙　巨门土星属阳，次吉；

延年　武曲金星属阳，次吉；

绝命　破军金星属阴，大凶；

五鬼　廉贞火星属阴，大凶；

六煞　文曲水星属阴，次凶；

祸害　禄存土星属阴，次凶；

左辅　木星属阴，次凶。

右弼　所属无定，亦吉闪亦无定。

【注释】

此处九星指贪狼星、巨门星、禄存星、文曲星、武曲星、廉贞星、破军星、左辅星、右弼星。是术数中很重要的九颗星，是金木水火土星的变体，暗含北斗七星，九宫洛书。

九星吉凶年限应验歌

五鬼应在寅午戌，六煞原来申子辰。

延年绝命巳酉丑，天乙祸害是土神。

生气吉凶亥卯未，左辅阴木合局论。

惟有右弼无生克，休咎翻随向星云。

【注释】

应验歌讲的是九星吉凶应验时的地支年。

子息多寡歌

贪生五子巨三郎，武曲金星四子强。
独火廉贞儿两个，辅弼只是半儿郎。
文曲水星多一子，破军绝败守孤孀。
禄存高大丁难盛，九星得位照此详。

【注释】

子息：后代，子孙。丁：人丁，人口。

分房兴败歌

贪兴长子巨兴中，武曲小房定峥嵘。
文败中男禄败少，损破长子受贫穷。
左辅高大旺妇女，右弼吉凶看向星。
水一火二木三数，金四土五论克刑。

年神方位图

图内天干地支皆不动，惟有紫白九宫，一年一移。力士奏书："四隅星三年一移，有年干五鬼，有年支五鬼，以下神煞后边俱有起法，无凶煞者写空字，使学者一见便知。"

太岁在甲子　干水支土 纳音属金　德在甲合在巳　甲巳上宜 修造取土

太岁坐本年地支，一年一官，众煞随岁君而转移。《洛书九宫图》戴九履一，二四为肩，六八为足，左三右七，五黄居中。

[附注] 此图方向是上南、下北、左东、右西。奏书、蚕室、博士、力士所在方向分别是西北、西南、东南、东北。

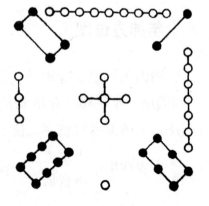

年神方位图

【注释】

年神方位图：图中的九格方阵，称为"年九宫"，又称"九宫飞位"或"九星术。"它是把《洛书》方阵的各数加上颜色名称，分配在年、月、日下，配合八卦方位，用来判定日时和人事吉凶的一种方法。《洛书》图像为：

再用几种颜色来表示这几个数，为

1	2	3	4	5	6	7	8	9
白	黑	碧	绿	黄	白	赤	白	紫

这就叫做"九星"。其中紫、白者为吉，九紫尤佳，为大吉；碧、绿、黄、黑、赤者均为凶、依据《洛书》的排列方式，得到"九星图"，为：

四绿	九紫	二黑
三碧	五黄	七赤
八白	一白	六白

由于"九星"与《洛书》的联系，使它和八卦九宫的各宫也发生了对应关系。如下图：

年九宫外围以甲、乙、丙、丁、庚、辛、壬、癸等八干和十二支及乾、艮、巽、坤等四卦表示方位。如子居下为北，午居上为南，卯居左为东，酉居右为西；乾为西北，艮为东北，巽为东南，坤为西南等等。共二十四方位。方位外围以本命神将的名号与一定的方位相对应，按十二支的年分定方向，循环排列。其对应关系如下表：

年神方位图

年神 \ 年地支	子	丑	寅	卯	辰	巳	午	未	申	酉	戌	亥
岁德	巳	午	未	申	酉	戌	亥	子	丑	寅	卯	辰
太岁	子	丑	寅	卯	辰	巳	午	未	申	酉	戌	亥
岁破	午	未	申	酉	戌	亥	子	丑	寅	卯	辰	巳
大将军	酉	酉	子	子	子	卯	卯	卯	午	午	午	酉
奏书	乾	乾	艮	艮	艮	巽	巽	巽	坤	坤	坤	乾
博士	巽	巽	坤	坤	坤	乾	乾	乾	艮	艮	艮	巽
力士	艮	艮	巽	巽	巽	坤	坤	坤	乾	乾	乾	艮
害气	巳	寅	亥	申	巳	寅	亥	申	巳	寅	亥	申
蚕室	坤	坤	乾	乾	乾	艮	艮	艮	巽	巽	巽	坤
蚕官	未	未	戌	戌	戌	丑	丑	丑	辰	辰	辰	未
蚕命	申	申	亥	亥	亥	寅	寅	寅	巳	巳	巳	申
丧门	寅	卯	辰	巳	午	未	申	酉	戌	亥	子	丑
太阴	戌	亥	子	丑	寅	卯	辰	巳	午	未	申	酉
官符	辰	巳	午	未	申	酉	戌	亥	子	丑	寅	卯
白虎	申	酉	戌	亥	子	丑	寅	卯	辰	巳	午	未
黄幡	辰	丑	戌	未	辰	丑	戌	未	辰	丑	戌	未
豹尾	戌	未	辰	丑	戌	未	辰	丑	戌	未	辰	丑
病符	亥	子	丑	寅	卯	辰	巳	午	未	申	酉	戌
死符	巳	午	未	申	酉	戌	亥	子	丑	寅	卯	辰
劫煞	巳	寅	亥	申	巳	寅	亥	申	巳	寅	亥	申
灭煞	午	卯	子	酉	午	卯	子	酉	午	卯	子	酉
岁煞	未	辰	丑	戌	未	辰	丑	戌	未	辰	丑	戌
伏兵	丙	甲	壬	庚	丙	甲	壬	庚	丙	甲	壬	庚
岁刑	卯	戌	巳	子	辰	申	午	丑	寅	酉	未	亥
大煞	子	酉	午	卯	子	酉	午	卯	子	酉	午	卯

中国传统术数总集 第一辑

年神 \ 年地支	子	丑	寅	卯	辰	巳	午	未	申	酉	戌	亥
飞鹿	申	酉	戌	巳	午	未	寅	卯	辰	亥	子	丑
破败五鬼	巽	艮	坤	震	离	坎	兑	乾	巽	艮	坤	震

紫白五行歌

一白属水二黑土，三碧四绿皆为木。

五黄土星居中位，六白七赤二金居。

八白阳土九紫火，飞临中宫挨数数。

三元年白歌

上元甲子一白求，中元四绿却为头。

下元七赤居中位，逆寻年分顺宫游。

即如上元甲子，将一白加人中五宫，二黑移在六上，三碧移在七上，四绿移在八上，五黄移在九上，六白移在一上，七赤移在二上，八白移在三上，九紫移在四上为止。

康熙二十三年，　　上元甲子；

乾隆九年，　　　　中元甲子；

嘉庆九年，　　　　下元甲子。

【注释】

三元，即上元甲子，中元甲子，下元甲子。三元白法是术数家利用九宫飞位计算三元甲子的方法。清代黄宗羲在其所著《七怪》一书中称："形法，理之显者也；方位，理之晦者也。三变而为三元白法。方法，一定不易乾也；三元白法，随时改换者也。其法即

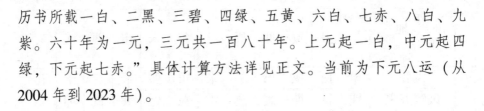

历书所载一白、二黑、三碧、四绿、五黄、六白、七赤、八白、九紫。六十年为一元,三元共一百八十年。上元起一白,中元起四绿,下元起七赤。"具体计算方法详见正文。当前为下元八运(从2004年到2023年)。

三元月白歌

子午卯酉四年同,正月八白居正中;
寅申巳亥从黑起,八中顺飞列九星;
惟有辰戌丑未岁,正月紫白在本宫;
出正五黄让绿坐,一月一移照此行。

三元日白歌

起例:冬至以后为阳。顺行九宫;夏至以后为阴,逆行九宫。自一白数至九紫,顺行,周而复始,求值日星。

冬至后为阳遁,分三元。冬至前后甲子为上元。雨水前后甲子为中元,谷雨前后甲子为下元。假如上元甲子起一白,乙丑起二黑,丙寅起三碧,丁卯起四绿,戊辰起五黄,己巳起六白,庚午起七赤,辛未起八白,壬申起九紫。癸酉又起一白,周而复始。中元甲子起七赤,乙丑八白,丙寅九紫。下元甲子起四绿,乙丑五黄,丙寅六白,并顺布求值日星,即移入中宫。

夏至后为阴遁,分三元。夏至前后甲子为上元,处署前后甲子为中元,霜降前后甲子为下元。假如上元甲子起九紫,乙丑起八白,丙寅起七赤,丁卯起六白,戊辰起五黄,己巳起四绿,庚午起三碧,辛未起二黑。壬申起一白。癸酉又起九紫,周而复始;中元甲子起三碧;下元甲子起六白,并逆布八方。

阳生冬至前后时,顺行甲子一宫移。

雨水便从七宫起，谷雨还从巽上推。

阴生夏至九宫逆，处暑前后三碧疑。

霜降六宫起甲子，逆飞分明十二支。

盖诸家日白之法，错乱舛谬，惟此三白择日之诀，阴阳顺逆，节节相续。殊不知古人移宫接气之义也。

【注释】

阳遁都是奇门遁甲术按数顺行的布局法。《奇门遁甲·烟波钓叟歌句解》："冬至后用阳遁，顺飞于坎一宫起。如冬至上元阳一局，顺近，甲子茂起一宫，甲戌巳二宫，甲申庚三宫，甲午辛四宫，甲辰壬五宫，甲寅癸六宫，丁奇七宫，丙奇八宫，乙奇九宫，乃仪顺奇逆也。"

《奇门遁甲·烟渡钓叟歌句解》："夏至后用阴遁，逆飞于离九宫起。如夏至上元阴九局，逆遁，甲子戊起于九宫，甲戌己八宫，甲申庚七宫，甲午辛六宫，甲辰壬五宫。甲寅癸四宫，丁奇三宫，丙奇二宫，乙奇一宫，乃仪顺奇也。"

三元时白歌

起例：冬至以后为阳，顺行起一白二黑，数至九紫；夏至以后为阴，逆行起九紫八白，数至一白。

冬至后，子、午、卯、酉四仲日为上元，以甲子时起一白；辰、戌、丑、未四季日为中元，以甲子时起七赤；寅、申、巳、亥四盂日为下元，以甲子时起四绿，并顺布顺行八方。

夏至后，子、午、卯、酉四仲日为上元，以甲子时起九紫；辰、戌、丑、未四季日为中元，以甲子时起三碧；寅、申、巳、亥四盂日为下元，以甲子时起六白，并逆布逆飞八方。

按时白之法，其例与希夷先生择日之诀同。盖阴阳逆顺，节节相续，得移宫接气之义也。

又，《历书》云："应三白之方，修作不避大将军、太岁、大小耗、官符、行年本命诸凶煞，并不能为害。惟忌天罡、四旺大煞。月建方向不可动土，又当避人墓、受克、暗建、交剑、斗牛、穿心煞宫，避之则吉。"

年家吉神凶煞之最

太岁坐本年地支，为众煞之君，可坐不可向。与太岁相冲者，是岁破。修岁破即为犯太岁。若所用之月、日、时与太岁相克相冲，亦为犯太岁，犯之则凶。杨仙曰"凶莫凶于犯太岁。"正谓此也。然修坐方亦有可有不可。如太岁所坐之位，左右皆空字，下无凶煞，此乃明君贤相，修则纳福。杨仙曰："吉莫吉于修太岁而叠吉星。"诚则是言也。若所坐之方左右有劫煞、岁煞，下又有凶煞二三，此君弱臣强，奸相当权，修之则祸杨仙曰："叠凶星大凶，千古不易"慎之慎之。

劫煞、灾煞、岁煞，名为三煞，所占一方，可向不可坐，犯之者凶。若有破坏须修营者，不得已而坐三煞，必能克制之，方可免祸。如三煞在南方巳、午、未位，则属火，必俟冬月水旺火衰之时，再用戊甲、庚子、甲辰月、日时以胜之，上合天十二奇，下合地支水局，再合宅主纳音水命，则三煞降服，方可修补。杨仙曰："若要发修三煞，正谓制之而得其欢也。苟不能然，吾宁避之。"虽然，若煞在山上，又不得轻言克制也。

劫、灾、岁三煞方向

凡盖造房屋，宜避之。

申子辰：煞在南方巳午未，修西房大利，东房次吉。

寅午戌：煞在北方亥子丑，修东房大利，西房次吉。

巳酉丑：煞在东方寅卯辰，修南房大利，北房次吉。

亥卯未：煞在西方申酉戌，修北房大利，南房次吉。

如三煞之根原，乃四大长生内绝、胎、养三方也。如申年或子辰年，乃申子辰合水局。水生在申，沐浴在酉，数至巳午未，即是绝、胎、养。所以三煞在南方，即是巳午未三方。如起神煞，安在年神方位申上，即是水局，长生在申，顺数至巳安劫煞，午安灾煞，未安岁煞。下仿此。

金局长生从巳起，木局长生自亥生。

水局长生临申数（土局同），火局长生由寅行。

四局皆顺布地支

沐浴：无一定之煞。虽无一定，多与临官相配。

冠带：为豹尾，凶。

临官：为岁德，吉。又为天官符，凶。

帝旺：为金匮，吉。又为打头火，主火烛，凶。若叠太岁，尤凶，为太煞。

衰：无定煞。衰与黄幡相配。

病：为驿马，次吉。病死之间为马前六害，占向，凶。

死：为皇天，炙退。占山、占方，凶。

墓：为黄幡，小凶。

绝：为劫煞。大凶。绝、胎之间为伏兵，在天于下。

胎：为灾煞，大凶。胎、养之间为大祸，在天干下。

养：为岁煞，大凶。

此内三煞最凶，伏兵、大祸次之，天官、打头火、炙退、六害又次之。

右沐浴等煞，易求于阴宅，不便于阳宅。

中国传统术数总集　第一辑

【注释】

劫灾岁为最历害的神煞，宜避之。十二地支中以三支相合，配以五行中的金、木、水、火，称为三合。即：

申子辰三合为水局。

寅午戌三合为火局。

巳酉丑三合为金局。

亥卯未三合为木局。

选择家据以选择吉日良辰或推测人的命运。

十二建星

即建、除、满至开、闭是也。如子年，子上起建，丑为除，顺数而去；丑年，丑上起建，寅为除。建为岁君，为元神，为众吉众凶之主帅，可坐不可向，在山，在方，叠吉星则大吉，叠凶星则大凶。

建 为太岁，可吉可凶。

除 为四利之太阳，小吉。

满 为天富，小吉；为土瘟，又为四利之丧门，凶；又为飞廉，大凶。

平 为三合，又为土曲，大吉。

定 为岁三合，吉；为魁罡显星，吉；又为地官、符畜官，凶。

执 为四利之死符；又为小耗、净涧煞，凶。

破 为岁破，又为大耗，凶。

危 为极富星，为谷将星，又为四利之龙德，大吉。

成 为三合，为天喜，大吉；为飞廉，又为四利之自虎，小凶。

收　为四利之福德，小吉；又为皇帝八座，小凶。

开　为青龙、太阴，为生气、华盖，为宫国星，上吉；又为四利之吊客，小凶。

闭　为病符，凶。

十二建星，于选择为大纲。此内平、成、开、危最吉；定、除次吉；破，大凶，其祸最久。

【注释】

十二建星又称十二直、建除十二客、十二辰、十二神。有一定次序，即建、除、满、平、定、执、破、危、成、收、开、闭。以十二星主一定的吉凶。十二直安排与破军星所指的方向有关。破军星，即摇光星，为北斗七星斗柄之头之星。术数家以：月节初昏破军星前端所指的卯的方向，把二月卯日的十二直定为"建"。按正月的十二直安排次序，则卯日的十二直为"除"。又以每月节气那天的十二直，重复其前日的十二直。过十二节气即一年后，十二支又和十二直一致。正月寅日的十二直仍复为"建"。

年支五鬼方位歌

寅年在寅申在申，一年一宫逆行轮。
卯岁在丑丑在卯，酉年在未未酉存。
戌建居午午居戌，辰岁临子子临辰。
巳年占亥亥五鬼，亥岁冲巳巳鬼临。

【注释】

年枝：即年支。五鬼：二十八宿中"鬼"宿的第五星。星命家认为它是恶煞，其所临之时地定有祸殃。风水中善用五鬼过财局。

金神方位歌

> 每年地支四金神，惟有乙庚只巳辰。
> 甲巳年午未申酉，丙辛岁卯子丑寅。
> 丁壬在寅卯戌亥，戊癸居于丑酉申。

【注释】

金神为凶煞。它是太白之精，白兽之神，主兵戈、丧乱、水旱、瘟疫，所理之地忌营建、出行、移徙、嫁娶、赴任。若冲犯金神，祸殃尤甚。金神每年在不同方位。甲巳之年在午未申酉，乙庚之年在辰巳，丙辛之年在卯子丑寅，丁壬之年在寅卯戌亥，戊癸之年在子丑酉申。

力士、奏书、蚕室、博士居四隅位

太岁在南方，坐巳午未位，力士居坤宫，奏书居巽宫，蚕室居艮宫，博士居乾宫。

太岁在西方，坐申酉戌位，力士居乾宫，奏书居坤宫，蚕室居巽宫，博士居艮宫。

太岁在北方，坐亥子丑位，力士居艮宫，奏书居乾宫，蚕室居坤宫，博士居巽宫。

太岁在东方，坐寅卯辰位，力士居巽宫，奏书居艮宫，蚕室居乾宫，博士居坤宫。

【注释】

力士、奏书、蚕室、博士：均为年神，其方位详见前《年神方位图》。

年干破败五鬼方位歌[1]

　　甲壬二岁居巽方，乙癸须知艮宫藏。

　　丙坤丁震戊离位，己坎辛乾庚兑防。

　　右五者默识因妙否，则看年神方位图。以上诸煞，大煞避之，中煞制之，小煞纷纷，不必论也，制煞之要，古语有云：干犯干制，支犯支制，三合犯三合制，纳音犯纳音制，化煞犯化煞制，飞富犯飞宫制[2]。此确论也。然制之之诀全看月令，必本煞衰月制煞，旺月乃可。惟太岁、炙退另论。

　　诸煞聚会之方则勿犯。

　　煞与太岁同宫则勿犯，犯之则犯岁君矣。

　　金神煞属金，戊己煞属土，丙丁煞属火。从于自具五行也。其余诸煞在寅卯辰方，属木，在巳午未方，属火，在申酉戌方，属金，在亥子丑方，属水，随方以分五行也。辨衰旺克制仿此。

【注释】

　　①破败五鬼：年神，其方位详见前《年神方位图》。
　　②飞宫：术数家用语。指九星循环，分别飞于各宫。

大将军歌诀

　　寅卯辰年坐子宫，巳午未岁寄卯东。

　　申酉戌将占午位，亥子丑年居酉中。

【注释】

　　大将军：年神，其方位详见前《年神方位图》。

论将军方位

大将军与宰相同权，居子午卯酉四正位。一坐三载。但每月吊替出巡，轮转九宫，周而复始，非三年静坐一处也，正在本位，固不宜修，即出巡之所，亦当月避，卜其本位，宪书可查。若寻其宫所，须用五鬼遁法。

如不晓遁法，看宪书正月天干，用掌决飞宫，如丙寅年正月，是庚寅，则是庚子将军。若四月修造，以飞宫掌诀，将月建癸巳入中宫，顺飞庚子到庚，此是行宫将军到也，修东为犯行宫将军，修北却不犯。五月修造，即以月建甲午入中宫，顺飞庚子到坤，修西南为犯行宫将军。修北亦不犯。若六月修造北方，以月建乙未入中宫，顺飞庚子到坎，是合寅卯辰年，将军临于北地为正煞。犯之最凶。知此，余可类推。

月家凶煞之最

惟大月建大凶、大恶，占山，占向，占方，占中宫，俱凶，动土更凶，修造犯之，主损家长。

【注释】

月家凶煞之最为一月中最凶的日子，多指月建"。月建，即以干支记月。特指十二斗支而言，如建子、建丑等，意为某月为子、某月为丑等。又，建乃北斗星斗柄所指的方位。斗柄旋转所指的十二辰叫十二月建。月份有大小，则称"大建"、"小建"、或"大月建"、"小月建"。

大月建歌

　　甲庚丁癸起艮乡（艮宫起正月，）
　　乙辛戊年起中夹（中宫起正月，）
　　丙壬己年坤位发（坤宫起正月，）
逆走九宫定建方。

小儿煞歌

　　阳起中宫阴起离。
　　阳年中宫起正月。
　　阴阳二年皆顺推。
　　逢临莫修凶可避。

　　小儿煞大凶，占山，占向，占方，皆宜避，修造犯之，主伤十五岁以下幼童。

禳解小儿煞法

　　小儿煞，如小儿不知天地尊卑之分，故修造动土须宜避之。倘不知而误犯，宜用五色连丝纸，剪天宝带，彩色灿烂，令小儿欢悦，自不为祸。择危、毕、心、张、太阴星宿日，晚上祭之，遇十五月望前后得月光明亮能照满室更佳，或用母仓口育之，则母到子喜，亦能化凶为吉。但余心不忍坐视其履汤滔火，有此一救耳。万不可见有此解而故犯之，以其巧逞其能，使之行险而遭祸也。慎之！慎之！

飞宫掌诀图 _{（附飞宫祖洛书图）}

飞宫掌诀出自奇门，甚为简便。其法用左手中三指先从食指下第一节纹上排一自坎宫，第二节纹上排二黑坤宫，第三节纹上排三碧震宫，指甲头顶排四绿巽宫，中指顶甲前排五黄中宫，无名指顶甲排六自乾宫，下第三纹上排七赤兑宫，又下第二纹上排八白艮宫，终下第一纹上排九紫离宫，如用某星入中宫，即将此星加入中指顶甲前五黄上，应顺轮者则由中指轮到无名指第四节顶甲前乾宫，顺推下去，应逆轮者，则由中指轮到食指第四节顶甲前巽宫，逆推下去，假如轮到一白坎宫上，由此星到坎也。其余仿此。

惟大将军排掌，专于中宫月建、儿煞，因年取卦，不一定也，当辨。

附飞宫洛书图。

巽四	离九	坤二
震三	中五	兑七
艮八	坎一	乾六

（照数挨数）

六德详解[①]

每见《万年书鉴》首载"六德能解诸闪，知六德为择日要务。"又子《宪书·月令》内见"天德在处，皆宜修造取土。"更知修造择月之第一要务也。盖天德随天道，择修造方向以天德为主，即是按天道行也，而房之四正四隅亦于是仿矣。天德是跟天道②，月德是三合月旺，岁德是岁君天干，此三德之吉不与别吉相同，乃与三德相合者吉，与鼍德同，故名为六德也。

凡择修造日期，遇六德皆吉，六德内再遇天恩、月恩、天赦、母仓更吉。然如此选择，是就空利方而言，倘方不空利，又当用大小偷修耳。即用偷修，亦当避去大小月建、小儿煞，然后再择神煞出游日并功修造，方保平安。慎之！慎之！

天德、月德、天恩、月恩、天赦、母仓俱开列于后。

【注释】

①六德都是吉神煞，此外指天德、月德、天恩、月恩、天赦、母仓。一说指天德、月惠、岁德和天德合、月德合、岁德合。

②天德是跟天道：以下三句似有讹误。

天德、月德歌

天德歌

正丁二坤宫，三壬四辛同。

五乾六甲上，七癸八艮中。

九丙十居乙，子巽丑在庚。（子为十一月，丑为十二月）

月德歌

寅午戌月丙为德，亥卯未局甲旺时。

申子辰逢壬水是，巳酉丑庚金生辉。

三德相合

甲与己合乙逢庚，丙辛丁壬戊癸同。
三德遇合为吉日，修造动土解诸凶。

天恩、月恩吉日

天恩吉日

甲子，乙丑，丙寅，丁卯，戊辰，己卯，庚辰，辛巳，壬午，癸未，己酉，庚戌，辛亥，壬子，癸丑。

月恩吉日

正寅生丙为月恩，二卯逢丁三庚真。
四月在己五月戊，六辛七壬八癸存。
九庚十月乙木是，十一甲上十二辛。
俱是月支生天干，干受支生为月恩。

【注释】

天恩、月恩：均为月令神煞系统中的神煞。月令神煞系统是根据月建和四时而构成的。天恩，丛辰名，吉神。月恩，丛辰名。指月建所生之干。子母相从，故名正月建寅，阳木，生丙，阳火；二月建卯，阴木，生丁，阴火；余类推：三月庚，四月己，五月戊，六月辛，七月壬，八月癸，九月庚，十月乙，十一月甲，十二月辛。此日宜营造、嫁娶、移徒、祭祀、上官、纳财。

正：正月。下文的数字二、三、四等均为月份。

中国传统术数总集 第一辑

太岁神煞出游日偷修_(附吉日)

甲子日东游，己巳日还位；

丙子日南游，辛巳日还位；

戊子日游中宫，癸巳日还位；

庚子日西游，乙巳日还位；

壬子日北游，丁巳日还位；

凡用偷修，务须还位头日完工。

附　大偷修日

壬子、癸丑、丙辰、丁巳、戊午、己未、庚申、辛酉、以上八日，凶神朝天，可并工修造。

郑氏曰："丙辰，丁巳、戊午、己未、庚申，辛酉，以上六日，八方俱白，凡有动作等事皆无妨。"

【注释】

太岁神煞出游日是神煞出游的日子，须避忌。《宪度》认为："太岁为人君之象，首列地祇之尊；地祇理从地支，故以五子日干为所往之方。如甲为东方木，故甲子日东游；丙为南方火，故丙子日南游；庚为西方金，故庚子日西游；壬为北方水，故壬子日北游；戊为中央土，故戊子日游中宫。五者，生数之极，故各出游五日，合计五五二十五日。"

用日法

日贵旺相得令，忌休囚无气，而日干尤重。

日之吉凶，全看衰旺，日之衰旺，全看月令。当令者旺，受生者相，皆大吉。克月令者死，受于克月令者囚，皆凶日，来生月者衰，亦不吉。故母仓非上吉。

寅卯月以甲乙寅卯为旺，丙丁巳午为相。

巳午月以丙丁巳午为旺，戊己辰戌丑未为相。

申酉月以庚辛申酉为旺，壬癸亥子为相。

亥子月以壬癸亥子为旺，甲乙寅卯为相。

辰戌丑未月以戊己为旺，庚辛申酉为相。

此内惟戊己日难用，动土者最忌之，修中宫更宜忌之。所谓中宫者，四围有屋，则中间之屋是也。盖中宫本属土，用戊己土日则助起土煞，故不吉也。若辰戌丑未月修，尤忌戊己日也。

【注释】

用日法：用日法涉及到四季的旺、相、休、囚、死，而四季的旺、相、休、囚、死又和五行的旺、相、休、囚、死密切相关。阴阳家认为，在春、夏、秋、冬四季节里，每个季节都有一个五行处于"旺"，一个五行处于"相"。一个五行处于"休"一个五行处于"囚"，一个五行处于"死"的状态。旺、相、休、囚、死的具体含义是：

旺　处于旺盛状态。

相　处于次旺状态。

休　休然无事，相当于赋闲。

囚　衰落被囚。

死　被克制而生气全无。

五行在四季中的旺、相、休、囚、死的情形是：

春　木旺　火相　水休　金囚　土死

夏　火旺　土相　木休　水囚　金死

秋　金旺　水相　土休　火囚　木死

冬　水旺　木相　金休　土囚　火死

　　阴阳家依据五行和十二支和十干的关系，又对月中日的旺、相、休、囚、死作了规定。日的旺、相、休、囚、死见正文。

地支六冲凶日

　　冲破者日与月冲，或与岁君冲，皆凶。
　　子午相冲，丑未相冲。
　　寅申相冲，卯酉相冲。
　　辰戌相冲，巳亥相冲。

论四废荒芜凶日

　　正四废，大凶，谓干支俱无气也；傍四废，更凶，或支无气，或干无气也。
　　春月忌庚辛戊己干申酉支。
　　夏月忌壬癸庚辛干亥子申酉支。
　　秋月忌甲乙丙丁干寅卯巳午支。
　　冬月忌丙丁干巳午支。
　　荒芜日，次凶，与四废大同小异，亦是失令，休囚，但用三合、五行又一月，止荒一字耳。如春三月则以巳、酉、丑为荒芜，夏三月以申、子、辰为荒芜；秋三月以亥、卯、未为荒芜。冬三月以寅、午、戌为荒芜。然正月止忌巳日：二月止忌酉日、三月止忌丑日为准，余三季仿此。四废、荒芜相兼，尤凶。春月酉日，夏月子日，秋月卯日，冬月午日，更宜避之。

【注释】

　　四废日选择家称春季的乙卯、辛卯日，夏季的丙午、戊午日，秋季的辛酉、癸酉日、冬季的壬子、丙子日为正四废日，百事皆

中国传统术数总集 第一辑

忌。本篇正文所列，为傍四废日。荒芜：荒芜日实际是十二支"三合"。但具体用法与"三合"不同。

黄石公阳宅真诀

夫阳宅大门者。本黄石公之秘传后人，不究其源，种种异论，繁冗类密。致学者无所适从。子究有年，颇得其详，今以阳宅诸论，探讨精确，删繁涤密，纂集《阳宅要览》，绘图东四宅，西四宅，八门动静，星宫生克秘旨，实系祸福存亡、兴废攸关。今诸公以海内，凡造宅者，宜于门开天乙、延年、生气，避却五鬼、六煞、祸绝。其廉贞、破军、禄存、文曲诸凶星，最宜低小失陷，辨认武曲、巨门、贪狼诸吉星，须要得位高强。精此可以凶宅而变为祖宇矣！谓之改一门胜改一屋，诚可为竖造开门之至宝也。

大游年歌注解

乾六天五祸绝延生。

坎五天生延绝祸六。

艮六绝祸生延天五。

震延生祸绝五天六。

巽天五六祸生绝延。

离六五绝延祸生天。

坤天延绝生祸五六。

兑生祸延绝六五天。

将游年第一句，如乾位大门横排竖看，七星所属五行何方吉星宜门、宜高强，得位何方凶星，宜低小失陷，不可开门，使学者一目了然，庶用之大，有造云无差误也。

五是伏位，指大门言。六是六煞，在天是文曲星，在五行中属水，不宜开门。须要失陷低小。

天是天乙，巨门星，阳土，二吉，须要得位高强，开门利。

五是五鬼廉贞星，属火，大凶，不宜开门，要失陷低小吉。

祸是祸害，禄存星，阴土，大凶，不宜开门，要失陷低小利。

绝是绝命，破军星，阴金，大凶，不宜开门，要失陷低小吉。

延是延年，武曲星，阳金，三吉，宜得位高强，开门利。

生是生气，贪狼星，阳木，一吉，宜得位高强，开门利。

左辅右弼，此二星随本命而化，俱属阴木，大凶。

七星定位相生

巨门生武曲，武曲生文曲，文曲生贪狼，贪狼生廉贞，廉贞生禄存，禄存生破军，破军生文曲，文曲又生廉贞。如此周而复始，生生无穷，遇吉星高大得位者，则以吉断。若凶星高大，则以凶断，万无一失。巨门不生破军，廉贞不生巨门，文曲不生辅弼，辅弼无生。

五行生化

金生水，水生木，木生火，火生土，土生金。金克木，木克土，土克水，水克火，火克金。甲己化土，乙庚化金，丙辛化水，丁壬化木，戊癸化火。

凡相宅、相茔，定吉凶，推休咎，虽有八卦、九宫、七煞、九星及二十四山等数，其中不过依据五行定之。

七星变化诗诀

诗曰：七星变化有根因，金木水火土中寻。

透彻五行生克理，家家爻象得均平。

九星五行所属

八方虽排二十四山，审其所属，乃八卦之分派，足以相宅只以大八门定之，有言二十四向门户者，误也。

变法：生气贪狼木，五鬼廉贞火，天乙巨门土，延年武曲金，六煞文曲水，绝命破军金，祸害禄存土，辅弼皆属木，本宫即伏位，动静正维宅。

乾为父，坤为母。震一索而得男，故谓之长男。坎再索而得男，故谓之中男。艮三索而得男，故谓之少男。巽一索而得女，故谓之长女，离再索而得女，故谓之中女。兑三索而得女，故谓之少女。

黄石公竹节赋

黄公祖师说宅元，一论分房二卦全。

三论来路真根本，四论五行生克篇。

五论爻象装成卦，初起一爻见的端。

先见一阳临阴二，一阴临二却是阳。

先房返卦初爻定，初阳返阴阴返阳。

次选门路定爻法，看成何卦细推详。

西四装东多不吉，东四装西也不祥。

震阳一宅须配巽，坎宅须配离家乡。

乾宅须配坤家主，艮宅须配兑家庄。

以上四句全在巧番八卦，反覆旋转以定延年之吉，此四延年即人道之夫妇也，为修宅之要。

乾兑配成震巽卦，长男长女定遭殃。乾兑金也，震巽木也。金能克木，况乾见震为五鬼廉贞星，见巽为祸害禄存星，二星俱凶。兑见震为绝命破军星，巽为六煞文曲星，二星俱凶。震为长男，巽为长女，又被克制，又遇凶星至金会局之年月，必殃及长男长女也。

震巽配成坤艮卦，少男老母在家丧。震巽木也，坤艮土也，木能克土：震见坤为祸害禄存星，见艮为六煞文曲星，俱凶。巽见坤为五鬼廉贞星，见艮为绝命破军星，俱凶。坤为老母艮为少男，又遇克制，又遭凶星，而于会局之年月，必殃及老母、少男也。

坤艮装成坎三阳，中男绝灭不还乡。坤艮土也，坎水也，木能克水。坤见坎为绝命破军星，艮见坎为五鬼廉贞星，俱凶。坎为中男，又通克制，又逢凶星，而于会局之年月，中男必绝灭也。

中男合成离家火，夫妇先吉后还伤。坎为中男属水，离为中女属火，居卦中之夫妇也。坎离相见虽是延年，终为火遭水克，故曰：夫妇也，先吉而后伤。

中女合成天泽覆，老夫少女见丧亡。离为中女属火，天为乾属金，泽即兑属金，火能克金。离见乾为绝命破军星，见兑为五鬼廉贞星。俱凶。乾为老夫，兑为少女，又遭克制，而于会局之年月。老夫少女必受其殃也。

见其年限并月限，乾兑酉申克本方。或一宅修造门，开凶方，房立恶煞，卦体相伤，门房交克其发凶，知在何年月日也。若震巽之方遇凶星受克于乾兑金，其发凶必在申酉年月，故曰：乾兑云云。

震巽旺相寅卯木，克子坤家少子亡。震巽旺相在寅卯之方，天坤艮受克于震巽之木，其发凶必在寅坤之年月日也。坤为土，少子即艮土，故曰：克子云云。

坤艮四季伤中子。坎若克火子亥当。坤艮属土，土旺四季，夫四季卯辰戌丑未中，子即坎也。坤艮来克坎也，坤艮来克坎水者，其发凶必在辰戌丑未之年月日，故曰：坤艮云云。夫离火被坎水所克者其，发凶必在子亥之年月日，故曰：坎若克火云云。

离家巳午纯金怕，年限轮流见损伤。离火也，乾兑纯金也。凶星也，夫离火来克纯金，其发凶必在巳午之年月日，如年限轮流是金，即，为木之交克，必见损伤丁财也。

阳多必定伤妇女，阴多必定损儿郎。阴阳配合家富贵，不须广览乱乖张。

相宅定法

夫天下之宅，虽有万亿之多，若相宅得其定要，而视多而一，何则？尊以人之居宅，未必无门。门之所合，未必无方既有方向，定有卦位，就看首门居在何卦上，然后用大游年歌中本卦之句，以门去合宅。上至大房屋遇吉星高大，则以吉断。遇凶星高大则以凶断。

中国传统术数总集 第一辑

议论吉星得位不得位，得化者足。贪狼遇坎、遇震、遇巽，巨门遇离、遇坤、遇艮。武曲遇坤、遇艮、遇乾、遇兑，是为得位上吉，定主子孙兴盛，富贵久远。如贪狼遇离，巨门遇乾、遇兑，武曲遇坎是为泄气，中占，主子孙微茂，富贵不巨，如贪狼遇坤、遇艮，巨门遇坎，武曲遇震、遇巽为克下，次吉，纵然人旺财兴，无不见损。言其顺利不长不得位者，是贪狼遇乾、遇兑，巨门遇震、遇巽、遇离，是为吉星受克，名失位，则主人丁克损，财物破败，诸凡不利。

故曰：吉星受克反为凶，君子道消小人通。再假凶星高几倍，宅气尽时灭满门。

又曰：有静宅有动宅，静宅不育，动宅主生，是以宅分静动。何以为静宅？如坎离震兑开门，只有四合头，别无二三进房屋是为正静宅。相宅只以排定之法，断不用巧番八卦，故曰：静宅不育。何以为动宅？如坎离震兑开门，而房重重，至于三四五六进者，气动则生，是为正动宅。诀法：正四则用巧番八卦，假令坐北向南修一宅，盖三进房者，开门正南，离位就用大游年歌中，离六之句顺起至坎门，延年止，又从坎延年上用大游年歌中，坎五之句顺起至离门，上亦是延年，只此一番，就此巧番八卦就定。离门上是延年武曲金星，金生第二进房，文曲水，水生第三进房，贪狼木，故曰：动宅主生，其余坎震兑三正俱如此。如乾艮巽坤开门，只有四合头房是为四维，静宅相宅，只以排定之法，绝不用持接相生之法，故曰：静宅不育。何以为四维动宅？如乾艮巽坤四维开门，而房重重，至于三四进者，气动则生，是为四维动宅。假如坐北向南修一宅，盖四进者开门东南，巽房就用大游年歌中巽天之句，起至离房上，乃是天乙巨门，土星上生第二进武曲金星，金生三进文曲水星。水生第四进贪狼木星。故曰：动宅主生，其余乾坤艮三维，俱仿此。

增补玉匣记 下卷（2）

杂占择吉篇

关于杂占内容非常杂乱，我国的一种文化现象，大多流行于民间，方法简单易行，没有系统的理论，占验多以约定俗成的观念为准则。概括起来，杂占有以下几种类型：

一、物情占

这种占卜，以事物表现的情状为占验的对象，如心惊占、眼跳占、耳热占、灯花占、鸟鸣占、釜鸣占等等，部属于这一类。

二、天候占

这种占卜，都是民间天文观测经验的积累，多以民谚形式出现。较少迷信观念，大多可取。

三、字画占

这种占卜，以图示和拆字分析为探求卦意的基本形式，为测字、相印、卦影等等，都属于这一类。

四、自然抽验

这种占卜，一般随物抽验，以偶然抽中者为占验的依据，如抓阄、抽签、筷卜、转盘等等，都属于这一类。

此外还有一些占卜术也属于杂占，这里就不一一论列了。杂占和其他占卜术一样，也是广义的择吉术。

占十二个月节候丰稔歌

正月　　岁朝宜黑四边天。
　　　　大雪纷纷是旱年，（上元日晴，宜百果。）
　　　　但得立春晴一日。
　　　　农夫不用力耕田。

二月　　惊蛰闻雷米似泥。
　　　　春分有雨病人稀，（社日雨，年丰果少。）
　　　　月中但得逢三卯。
　　　　处处棉花豆麦宜。

三月　　风雨相逢初一头。
　　　　沿村瘟疫万人忧，（初三日雨，宜蚕。）
　　　　清明风若从南至。
　　　　定是农家有大收。

四月　　立夏东风少病疴。
　　　　晴逢初八果生多，（初四日雨，谷贵。）
　　　　雷鸣甲子庚辰日。
　　　　定是蝗虫侵损禾。（初八日雨，年丰果少。）

五月　　端阳有雨是丰年。
　　　　芒种闻雷美亦然，（夏至日雨，年丰。）
　　　　夏至风从西北起。
　　　　瓜蔬园内受熬煎。

中国传统术数总集 第一辑

六月　　三伏之中逢酷热。

五谷田中多不结。

此时若不见灾危。

定主三冬多雨雪。

七月　　立秋无雨是堪忧。

万物从来只半收，（立秋日小雨，吉。）

处暑若逢天下雨。

纵然结实也难留。（大雨，伤禾。）

八月　　秋分天气白云多。

处处欢歌好晚禾，（社日雨，来年丰。）

只怕此时雷电闪。

冬来米价道如何？

九月　　初一飞霜侵损民。

重阳无雨一冬晴，（重九日雨大，宜收禾。）

月中火色人多病。

更遇雷声菜价增。

十月　　立冬之日怕逢壬。

来岁高田枉费心，（十五日晴，冬暖。）

此日更逢壬子日。

灾伤疾病损人民，（十六日晴，柴炭平。）

十一月　初一西风盗贼多。

更兼大雪有灾魔。

冬至天晴无日色。

来年定唱太平歌。

十二月　　初一东风六畜灾。

若逢大雪早年来。

但遇此日晴明好。

吩咐农家放心怀。

占元旦日阴晴

元旦日的天气情况有所主。（元旦在此指的正月初一）

天色晴明，气候熙和，主国泰民安，五谷丰登，人少疾，牲畜旺，盗贼息。

阴雨，主人秧田禾水涝，六畜不兴，花果不实。

暴风，主盗贼生，禾不登，六畜灾，又主早蔬菜少。

大雪，年内谷麦盛，牛羊大灾，果花少，米谷贱，鱼贵，人安。

霞气，主蝗虫生，丝蚕少，果木多，蔬菜盛。妇人多灾。

雾重，主年内男子瘟，小儿灾，丝蚕广，雨水调。

雨、电，主妖，主贼人生疥疮。月内电。候气逆乱，阴阳反错；初电，人有灾；风雨，飞砂走石，主丝贵禾荒。

四方有黄气，四禾大熟；白气，凶；青气，生蝗；赤气，旱；黑气，大水。

占元旦值十干日

元旦这天所值的天干，对人事预测如下：

值甲，米贱，人疫；

值乙，米、麦贵，人病；

值丙，有四十日旱。又云主四月旱；

值丁，丝麻贵；

值戊，栗、麦、鱼、盐贵，又主旱；

值己，米贵，蚕少，多风雨；

值庚，金、铁贵，禾熟，人病；

值辛，麻，麦贵，禾熟；

值壬，米、麦贱，绢、布、大豆贵；

值癸，禾秧，人疫，多雨。

占四季甲子日雨

春甲子，雨，牛羊冻死；

夏甲子，雨，撑船入市；

秋甲子，雨，禾头牛耳；

冬甲子，雨，雪飞千里。

占雷鸣日

雷初起艮方，米贱；

起震方，岁丰，棺木贵；

起巽方，虫生；

起离方，主旱；

起坤方，蝗虫灾；

起兑方，金、铁贵；

起乾方，国泰民有灾；

起坎方，岁多雨。

五月雷鸣人不炊，秋多雷五谷不实。

冬雷震惊五谷成，人不安宁兵戈起。

【注释】

先天为体，后天为用，此处方位以后天八卦的方位排之。

入梅出梅日

三月为迎梅雨，五月为送梅雨，芒种后逢丙日人霉，小暑逢未日天晴出霉，如阴反霉。又云："雨打小暑头，黄梅倒转流。"

占立春、春分日

占立春日

天气晴明百物成，阴雨主涝。东有积云，当岁丰熟；东风谷贱，人民平安；西风主旱，符贵盗生；南风畜安，北风水淹。

阴阳一气先，造化总由天。

但看立春日，甲乙是丰年。

丙丁遭大旱，戊己好收田。

庚辛人不静，壬癸水连天。

占春分日

东有青云，宜麦；若晴明无云，万物不成，民多热疾；西风，麦贵；东风，麦贱，岁丰；南风，五月先水后旱；北风，米谷贵。

【注释】

占立春、春分日：这里是以立春、春分日的天气情况——其中主要是风向，和当值日干，来预测当年的农业收成。有一定道理。其中的甲乙、丙丁等为值日干。

占立夏、夏至日

占立夏日

立夏日大晴，其年必旱；东风，五谷收，人民安；南风，人有疾病，苗嫁亢旱；西风，牛羊六畜灾；北风，鱼虾广出。若巳时有东西风，十日内青气现，又有东南风，其年大熟。如青气不现，其年多大风，十日应之，万物大伤。北风，水泉涌，地动，人疫。西风，蝗虫起，人有灾。东风，主有雷，非时击物。

占夏至日

夏至逢丙寅、丁卯日，栗贵，其日午时，南方有赤云状如马者，名离宫正气，主五谷丰。如赤云不见，其岁五谷不成，人患眼疾，又主旱；南风，大热；北风，山田早；西南风，六月，水横流，人殃；西风，秋多大雨；东风，八月，人病；北风，米大贵；晦日风雨，主来春米贵。

【注释】

晦日指农历每月的最后一日。

占立秋、秋分日

占立秋日

立秋日，雷鸣，未缺收，其日雨，菜熟。东风，人疫，草木更荣；南风，秋旱；西风，大雨；北风，东多云。申时西南有赤云，宜栗；无云，万物不成；地震，牛羊死，来春旱，交霜降一日下霜，主冬至后风雨寒冻；八月朔日阴暗，来年丰；果木开花，来年主旱。秋甲子日雨，秋有六十日雨。九月九日是雨，归路日有雨，来年丰。

占秋分日

秋分日晴明，万物不生，有小雨，天阴，吉。其日酉时有风，有白云如羊者，正气至也，宜稻，年丰；白气并离气浑者，芝麻收；有霜，人有疾病，应在来年二月；东风，五谷，万物不实，谷贵；西风，民安岁稔；西北风，有劫掠；东南风，主暴风至；北风，多寒冻；东北风，主十一月久阴，晦日，南风凶，西风，土工兴。

【注释】

朔日指农历每月初一日。

占立冬、冬至日

占立冬日

立冬日属火，无雨雪，主暖，来年旱；属水木，来年春雨多，果木开花，来年旱。东风，冬雷，凶；南风，来年五月人疫；西风，凶；北风，冬雪冻兽死。西北有白云如龙马，宜麻，如不至，大寒，伤物，人疫，来年四月见。

占冬至日

冬至日遇壬，主旱千里；二日遇壬，小旱；三日遇壬，大旱；四日遇壬；五谷大熟；五日遇壬，小火；六日遇壬，大水；七日遇壬，河决流；八日遇壬，海翻腾；九日遇壬，大熟；十日、十一

中国传统术数总集 第一辑

日、十二日遇壬，五谷不成。多风，寒冷，年丰，人安；东风，人灾，乳牛多死；南风，谷贵；北风，岁稔；西风，禾熟，人安。青云从北方来，主来年丰；无云，主凶；赤云，主旱；黑云，主大水；白云，主人疾病；黄云，土工兴。

占六十甲子日阴晴诀

甲子日雨，丙寅日止；

乙丑日雨，丁卯日止；

丙寅日雨，即日止；

丁卯日雨，夕止；

戊辰日雨，夜半止；

己巳日雨，立止；

庚午日雨，辛未日止；

辛未日雨，戊寅日止；

壬申日雨，即止；

癸酉日雨，甲戌日止；

甲戌日雨，即时止；

乙亥日雨，即日止；

丙子日雨，立止；

丁丑日雨，夕止；

戊寅日雨，即时止；

己卯日雨，立止；

庚辰日雨，即止；

辛巳日雨，癸未日止；

壬午日雨，即止；

癸未日雨，甲申日止；

甲申日雨，即止；

乙酉日雨，丙戌日止；

丙戌日雨，夕止；

丁亥日雨，即时止；

戊子日雨，庚寅日止；

己丑日雨，壬辰日止；

庚寅日雨，即时止；

辛卯日雨，癸巳日止；

壬辰日雨，辛丑日止；

癸巳日雨，夕止；

甲午日雨，即时止；

乙未日雨，丁酉日止；

丙申日雨，夕止；

丁酉日雨，己亥日止；

戊戌日雨，辛丑日止；

己亥日雨，即时止；

庚子日雨，甲辰日止；

辛丑日雨，壬寅日止；

壬寅日雨，即时止；

癸卯日雨，立时止；

甲辰日雨，即止；

乙巳日雨，丙午日止；

丙午日雨，即时止；　　　　　乙卯日雨，丙辰日止；

丁未日雨，立止；　　　　　　丙辰日雨，丁巳日止；

戊申日雨，庚戌日止；　　　　丁巳日雨，即时止；

己酉日雨，辛亥日止；　　　　戊午日雨，立止；

庚戌日雨，即时止；　　　　　己未日雨，即时止；

辛亥日雨，癸丑日止；　　　　庚申日雨，甲子日止；

壬子日雨，癸丑日止；　　　　辛酉日雨，即时止；

癸丑日雨，即时止；　　　　　壬戌日雨，立时止；

甲寅日雨，立时止；　　　　　癸亥日雨，即止。

占天

　　朝看东南黑，势急午前雨。

　　暮看西北黑，半夜看风雨。

占云

早起天无云，日出光渐明，暮看西边明，来日定晴明。

游丝天外飞，久晴便可期，清晨起海云，风雨霎时辰。

风静郁蒸热，云雷必振烈，东风云过西，天下不移时。

东风卯设云，雨下巳时至，云起南山暗，风雨辰时见。

日出即遇云，无雨必天阴，云随风雨疾，风雨霎时息。

迎云对风行，风雨转时辰，日落黑云接，风雨不可说。

云布满山低，连宵雨乱飞，云从龙门起，飓风连急雨。

西北黑云至，雷雨必振声，云势若鱼鳞，来朝风不轻。

云钩午后排，风色属人猜，夏云钩内出，秋风钩持来。

晓云东不虑，夜云愁过西，乱云天顶绞，风雨来不少。

风送雨倾盆，云过都暗了，红云日出生，劝君莫远行。

红云日没起，晴明不可许。

占风

秋冬东南风，雨下不相逢，春夏西北风，夏来雨不从。
讯头风不长，讯后风雨毒，春夏东南风，不必问天公。
秋冬西北风，天光晴可喜，长夏风势轻，舟船便可行。
深秋风动势，风势浪未静，夏风连夜倾，不尽便晴明。
雨过东风至，晚来越添巨，风雨朝相攻，飓风浪将避。
初三须有飓，初四还可惧，望日二十三，飓风君可畏。
七八必有风，讯头有风至，春雪百二旬，有风君须记。
二月风雨多，出门还可记，初八及十三，十九二十一。
三月十八雨，四月十八至，风雨带来潮，傍船人难避。
端午讯头风，二九君须记，西北风大狂，回南必乱地。
六月十一二，彭祖连天忌，七月上旬来，争秋船莫开。
八月中旬时，随潮不可移。

占日

乌云接日，雨即倾滴，云下日光，晴明无妨。
早间日珥，狂风即起，早后日珥，明日有雨。
一珥单日，两珥双起，午前日晕，风起北方。
午后日晕，风势须防，晕开门处，风色不狂。
早白暮赤，飞砂走石，日没暗红，无雨必风。
朝日烘天，暗风必扬，朝日烘地，细雨必至。
暮光烛天，日色连阴，日光晴彩，久晴可待。
日光早出，晴明不久，返照黄光，明日风狂。
午后云遮，夜雨滂沱。

占虹

雨下虹垂，晴明可期，断虹晚见。
不闻犬变，断虹早挂，有风不怕。

占雾

晓雾即收，晴天可求，雾收不起，细雨不止。
三日雾濛，必起狂风，白虹下降，恶雾必散。

占电

电光西南，明日炎炎；电光西北，雨下连连；
辰间电飞，大飓可期；电光乱明，无雨风晴；
闪烁星光，雨下风狂。

观测气象谚语

风

一日南风三日曝，三日南风狗钻灶。
三月西南风，秋雨落无穷。
三月南风下大雨，四月南风晒河底，五月南风当日雨。
东北风，雨祖宗。
东风多雨北风凉，东北风吹水汪汪。
北风送九九，水盖江边柳。

早晨不煞风，刮到日头中。

惊蛰不刮风，冷到五月中。

清明北风十日寒，春霜结束在眼前。

云

早起天无云，日出光渐明。

暮看西边明，来日定晴明。

不怕黑云长，就怕云磨响。

黑紫云如牛，狂风急如流。

黑云尾，黄云头，雹子打死羊和牛。

黄云翻，冰雹天。

黄是风，白是雨，红是雹子了不起。

棉花云，雨快临。

满天馒头云，明天雨淋淋。

勾云加白云，不遭风来也遭淋。

黄昏火烧云，明天热死人；黄昏云吃人，大雨无处躲。

云彩往西，王母娘娘披蓑衣。

白云黑云对着跑，这场雹子小不了。

月出被云淹，明日是好天。

早晨火烧云，晚上雨倾盆。

早晨云如山，必定下满湾。

早是朵朵云，下午晒死人。

早晨东云长，下雨不过晌。

早晨游云走，中午晒死狗。

红云变黑云，必定下雨淋。

红白黑云绞，雹子小不了。

西北生黑云，暴雨必形成。

早怕南云涨，晚怕北云推。

清晨宝塔云，下午雨倾盆。

雷雨

雨点如钱大，有雨也不下。

河里有鱼跳，大雨将要到。

狗吃草，鹊洗澡，三天下雨没有跑。

青石返潮老牛叫，时间不长雨就到。

泥鳅上下游，大雨在后头。

秋夜一片黑茫茫，保证明天雨一场。

虹穿裙子山戴帽，大雨马上就来到。

蚂蚁忙搬家，大雨定要下。

六月初一龙弹泪，新米要比旧米贵。

不怕六月六的雨，就怕七月七的风。

六月十三道不干，不是下雨就阴天。

重阳无雨看十三，十三不下一冬干。

春天旱个够，夏天淋个透。

夏天雨水大，秋天旱个怕。

烟囱不冒烟，必定要晴天。

鹰飞高空，无雨即风。

闪烁星光，雨下风狂。

东闪太阳红，西闪雨重重。

西北风，疙瘩云，忽雷闪电雹来临。

雨前刮风雨不久，雨后无风雨不停。

夜里起风夜里住，五更起风刮倒树。

七阴八下九不停，十日头上放光明。

久雨鸟雀叫，隔日好天到。

久雨泛星光，午后雨必狂。

下雨天边亮，还要下一丈。

早晨下雨天不阴，中午下雨当日晴。

早雨一天晴，晚雨到天明。

有雨天边亮，无雨顶上光。

雨中知了叫，报告晴天到。

头伏有雨，伏伏有雨。

淋了白露节，大旱十个月。

九月雷声先，大旱一百天。

雷打惊蛰前，高山好种田。

久晴响雷必大雨，久雨响雷天快晴。

不怕炸雷响破天，就怕闷雷鸡模眼。

先雷后雨雨不大，先雨后雷雨不小。

春雷十日阴，半晴半雨到清明。

雷响天边，大雨连天。

磨石雷声就地闪，倾盆大雨难保险。

下午横闪连，冰雹在眼前。

东闪空，西闪风，南闪火门开，北闪有雨来。

秋雷走的早，春雨多不了。

虹

断虹晚见，不明天变。

断虹早挂，有风不怕。

东虹为云，西虹为雨。

东虹日头西虹雨，南虹出来卖儿女。

西虹不过三，过三旱个干。

虹高日头低，早晚披蓑衣。

日

日没暗红，无雨必风。

朝日烘天，晴风必扬。

朝日烘地，细雨必至。

暮光烛天，日色连阴。

日光晴彩，久晴可待。

返照黄光，明日风狂。

日落胭脂红，不雨就有风。

日落乌云涨，夜半听雨响。

霜雾

雾收不起，细雨不止

三日雾，必起狂风。

一朝有霜晴不久，朝朝有霜天天晴。

六月出大雾，大旱到白露。

早晨地罩雾，尽管晒稻谷。

早雾阴，晚雾晴，黑夜一雾下到明。

早雾不过三，不下也阴天。

半夜拉起雾，正午晒死兔。

春雾日头夏雾雨，重雾三日必大雨。

秋天大雾扑人脸，当天太阳火炎炎。

雾色发白是晴兆，雾色昏沉阴连连。

霜雪又加雾，旱的受不住。

霜后暖，雪后寒，露水是晴天。

雪一九有雪，九九有雪。

中国传统术数总集 第一辑

小雪雪满天，来岁必丰年。

雪打正月节，二月雨不歇。

雨夹雪，不停歇。二月初一雨雪大，芒种前后有一怕。

一九二九下了雪，头伏二伏水必缺。

寒露天凉露水重，霜降转寒雪花浓。

四季气象谚语

正月

岁朝蒙黑四边天，大雪纷纷是旱年。

但得立春晴一日，农夫不用力耕田。

二月

惊蛰闻雷米似泥，春分有雨病人稀。

月中但得逢三卯，到处棉花豆麦佳。

三月

风雨相逢初一头，沿村瘟疫万民忧。

清明风若从南起，预报丰年大有收。

四月

立夏东风少病遭，时逢初八果生多。

雷鸣甲子庚辰日，定主蝗虫损稻禾。

五月

端阳有雨是丰年，芒种闻雷美亦然。

夏至风从西北起，瓜蔬园内受熬煎。

六月

三伏之中逢酷热，五谷田禾多不结。
此时若不见灾危，定主三冬多雨雪。

七月

立秋无雨甚堪忧，万物从来一半收。
处暑若逢天下雨，纵然结实也难留。

八月

秋分天气白云多，到处欢歌好晚禾。
最怕此时雷电闪，冬来米价道如何。

九月

初一飞霜侵损民，重阳无雨一冬晴。
月中火色人多病，若遇雷声菜价高。

十月

立冬之日怕逢壬，来岁高田枉费心。
此日更逢壬子日，灾殃预报损人民。

十一月

初一有风多疾病，更逢大雪有灾祸。
冬至天晴无雨色，明年定唱丰收歌。

十二月

初一东风六畜灾，倘逢大雪旱年来。

中国传统术数总集 第一辑

若然此日天晴好，下岁农夫能发财。

天文日月

东海至西海，三十五万里；

南海至北海，四十九万里；

东至西，九十一万里；

南至北，八十万里；

天至地，八万四千里；

地厚，七万三千二百里；

上有九江八河，下有五湖四海；

天中有一道河，乃是天堑之黄河；

风至地，八十里；

雨至地，四十里；

雷至地，一百里；

云至地，一百五十里；

雷方使有一清二断；

雪中方显九重；

日方圆，八百六十里；

月方圆，八百八十里；

普照天下。

此段出自《天文志》书，《三元总录》亦有。

【注释】

三十五万里：此数为不准确的概数，下同。

占面热法①	占眼跳法

子时：主喜庆事，又主得财。	子时：左有贵人，右有酒食。
丑时：主有烦恼、忧愁之事。	丑时：左有忧疑，右有人悲。
寅时：主有客来聚会，大吉。	寅时：左远人来，右喜庆事。
卯时：主有酒食及外人至。	卯时：左贵人来，右平和吉。
辰时：主有远客喜相逢，吉。	辰时：左客人来，右损害事。
巳时：主有急事人来相见。	巳时：左主酒食，右主凶事。
午时：主亲来相见，命同坐。	午时：左主饮食，右主凶事。
未时：主有词讼口舌是非。	未时：左主吉昌，右主小喜。
申时：主有高人会道相见。	申时：左有财利，右有女思。
酉时：主有高人来会相见。	酉时：左有客至，右主亲来。
戌时：主有酒食不叫自来。	戌时：左主酒食，右主聚财。
亥时：主官词论及不宁事。	亥时：左主有客，右主官事。

中国传统术数总集　第一辑

【注释】

①占面热法：即面热占，民间杂占的一种。以脸发烧的时候占验事情的发生及吉凶情况。其基本特征根据时刻预测将要发生的事情及吉凶，类似的占法尚有"眼跳占"、"耳热占"等详下。

占耳热法	占耳鸣法
子时：主有僧道来相议事。	子时：左主友思，右主失财。
丑时：主有喜事临身，大吉。	丑时：左主口舌，右主争讼。
寅时：主有酒食相会，大吉。	寅时：左主失财，右主心急。
卯时：主有远人来相见，吉。	卯时：左主坎坷，右主客至。
辰时：主有财，吉；人通达，吉。	辰时：左主远行，右主客至。
巳时：主失财物之事，不利。	巳时：左主凶事，右主大吉。
午时：主有喜气事来，大吉。	午时：左主远信，右主亲来。
未时：主有客至相求之事。	未进：左主饮食，右主人来。
申时：主有酒食宴乐事，吉。	申时：左主行人，右主大吉。
酉时：主有女子至、婚姻事。	酉时：左主失财，右主大吉。
戌时：主有争讼口舌之事。	戌时：左主酒食，右主客至。
亥时：主有口舌词讼之事。	亥时：左主大吉，右主酒食。

【注释】

占耳热和耳鸣都是民间的一种民俗经验，是有实用性和巧合性，偶然性。

占釜鸣法	占火跳法 ①

子时：主六畜好安，大吉利。 丑时：主家宅定、富贵，大吉。 寅时：主家宅凶、怪事，大凶。 卯时：主家门祸事至，大凶。 辰时：主宜田蚕、有利，大吉。 巳时：主有福至财来，大吉。 午时：主官事消散，大吉昌。 未时：主有凶祸之事，不利。 申时：主远人来、昌盛，大吉。 酉时：主远行人来，大吉利。 戌时：主有小喜、享通，大吉。 亥时：主官事有理，大吉昌。	子时：妻有外心，烦闷之事。 丑时：女心向外，大不吉利。 寅时：得小喜，平安，大吉利。 卯时：主得财帛、享通之兆。 辰时：主忧心、损男小口，灾。 巳时：主有喜事，酒食相逢。 午时：宜相争、见官、火灾事。 未时：主得财喜昌盛之兆。 申时：主得财帛、会合事，吉。 酉时：主有凶事、变报之兆。 戌时：主忧心、见得理之兆。 亥时：主身疾病、不妨之兆。

【注释】

①火跳：指灶中之火选出灶外。

占犬嚎法	占衣留法

子时：主有妇人不时争斗。
丑时：主有忧闷忧心之事。
寅时：望天，进财，昌，大吉利。
卯时：望天嚎，必得财，大吉。
辰时：主喜事至，大亨通，吉。
巳时：主有亲人想念，信至。
午时：主逢酒食宴会，大吉。
未时：主有家中内外破财。
申时：主家宅有小口之忧。
酉时：加官进禄，必定得财。
戌时：主有口舌之事，大凶。
亥时：主有官非词讼之事。

子时：男主酒食，女主亲事。
丑时：主有愁思破财之事。
寅时：望夫进财昌，大吉利。
卯时：主酒食、交友、同会，吉。
辰时：主目失财、忧灾、疾病。
巳时：女人外心，男无凶事。
午时：主远人至，得利，大吉。
未时：血光之灾，化凶为吉。
申时：主得外财，出入大吉。
酉时：主有客至、破财，大吉。
戌时：主词讼、得财，大吉。
亥时：主有喜事、得财，大吉。

占嚏喷法	占肉颤法

子时：主逢吉人，酒食相会。

丑时：妇人默息，客人求事。

寅时：主女人相遇，有酒食。

卯时：主财，喜，有客来，同事。

辰时：主人有酒食，大吉利。

巳时：主有吉人来求财，喜。

午时：主有客旅、酒会、宴饮。

未时：主酒食相会合之事。

申时：夜梦惊恐，酒食不利。

酉时：主妇人来求请问事。

戌时：主妇人思会和合事。

亥时：主有虚惊，反得吉利。

子时：主有尊长人来，大吉。

丑时：主有吉祥临身，大吉。

寅时：主有凶事，化凶为吉。

卯时：主有得财事，大吉利。

辰时：主有凶恶临身，大凶。

巳时：主宾友相见，大吉利。

午时：主有忧疑事，自身吉。

未时：主有喜事，自身大吉。

申时：主有口舌，解之则吉。

酉时：主因财起祸事，大凶。

戌时：主有行人远来，大吉。

亥时：主有大吉利，喜之事。

占心惊法	占鹊噪法

子时：主有女子恩喜事至。

丑时：主有恶事临门则凶。

寅时：主有客来，饮食，大吉。

卯时：主有酒食命，外人来。

辰时：主成名喜事，大吉利。

巳时：主妇人思多喜事至。

午时：主有酒食自来，大吉。

未时：主有妇人思念，大吉。

申时：主有大喜之事至，吉。

酉时：主有喜信至，大吉庆。

戌时：主有贵人即至，大吉。

亥时：主有恶人，自身大凶。

子时：主有远亲人至，大吉。

丑时：主有喜庆之事，大吉。

寅时：主有词讼之事，小吉。

卯时：主有酒食财喜，大吉。

辰时：主有远行人至家，吉。

巳时：主有喜事降临，大吉。

午时：主有疾病，求神安，吉。

未时：主有六畜不见之事。

申时：主有喜庆事，大吉昌。

酉时：主有坎坷不临之事。

戌时：主有财帛享通，大吉。

亥时：主有口舌争斗之事。

占鸦鸣鹊噪法

凡鸦鹊之鸣，有呼群唤子者，有夺食争巢者，其音相似，难以一概占之。其鸣向我异于常鸣者，是神使之报也，是以占之，无有不验。《经》曰："鸦鹊不为世俗所鸣，乃因有德者鸣之，以报吉凶。"凡占先看何方飞鸣而来，却看鸣时是何时辰，然后断之。吉凶如响。

方向	正东	东南	正南	西南	正西	西北	正北	东北
寅卯时	送物	争竞	大吉	大吉	外人思	酒食	口舌	疾病
未申时	风雨	女客至	人请	人请	内喧	贵客至	客至	亲至
午时	争竞	客至	争竞	不宁	送物	酒食	进畜	女送物
辰巳时	主凶	凶信至	远信至	主雨	大吉	客至	失物在	客至
酉时	公事凶	外服	故人来	人请	客至	失物归	主病	疾病

圣贤明著占鸦经，认取来方仔细听。
鸦鸣设若有忧声，默念"乾元亨利贞"。
次看时辰知祸福，百步之处不须听。
叩齿三通存七遍。转凶为吉免灾星。

占灯花法

灯乃一家鉴照之主，开花、结蕊、吐焰、生光，知人间之吉凶，识天时之晴雨。

凡灯有花，任其自开自谢，不可挑剔、剪火，一吹灭，不可再吹。

灯有花，久不灭，来日主有喜庆，至天明不灭不绝，五日内喜事不绝。

开花向外，必于大人处得书，乃七夜如此。仕人则加官进禄，爵位高迁，常人则生财纳福，田产立至。

焰忽两分，主有大恩，即授迁官，吉庆。士人则有大官委命及贵人引援。

灯花连珠下垂者，主有远行。

灯中心结花如灯豆，主有酒食，孕生贵子。

灯花连连逐出爆者，主大喜，选举迁官升，吉庆。

灯花向上圆大者，主明日有客至。

灯自明而炸者，主远信至。

灯自灭者，主丧服。

灯若有花忽挑者、吹灭者，主有耻辱之事。

张天师祛病符法

古人所画的神符有效，但都是有修行的人所画，不是每个人所画都有效。

说明：下边内容涉及很多古代神符的画法。现代人刻意模仿，往往只能达到形似而很难达到神似。为保证此符的原汁原味，我们将符放大后影印下来。

其次，占书是"至上而下，至右而左"阅读，此次我们作了调整，阅读时"至上而下，至左而右"，特此说明，因为这样比较符合现代的阅读习惯。

勅	张天师祛病符法		
此符与病者佩之大吉	凡书符者，叩齿三通，含净水一口，向东南喷之，咒曰(默念)： "赫赫扬扬，日出东东方，吾敕此符，普扫不祥，口吐三昧之火，服飞门邑之光，捉怪，使天蓬力士破疾，用秽迹金刚降伏妖怪，化为吉祥。急急如律令，敕。"	初一日病者，东南路上得之，是神使客死鬼作祟。头疼作寒热，起坐无力，吃食无味。用黄纸五张，东南方四十步逆之，即愈。	初二日病者，东南方得之，是家乡之老鬼作病。初头疼口乱不宁，热多冷少。肢无力，呕吐不止。用白纸五张，向东南方三十步送之，即愈。
		吞一道门上贴一道，吉。	吞一道门上贴一道，吉。

中国传统术数总集 第一辑

初三日病者，正北得之，是家亲作祟。初害头疼，乍寒乍热不宁，饮食不进。用黄钱五张，向正北二十步送之，大吉。	初四日病者，东北得之。病者手足沉重，头疼狂乱不宁，饮食呕吐。用黄钱五张，向东北五十步送之，大吉。	初五日病者，东北得之，此是石榴鬼作病。乍寒乍热，呕吐不止，其鬼在床头坐。用黄钱五张，东北五十步送之，即安。	初六日病者，正东所得，树神使黄头鬼作祟。四肢沉重，霍乱不安，遍身疼痛，鬼在卧床、衣服上坐。用白钱五张向正东四十步送之，大吉。
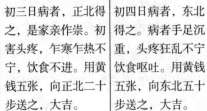			
吞一道。大吉。	吞一道门上贴一道吉。	吞一道带一道，大吉。	贴一道在床上，大吉。

192

初七日病者，东南得之，土地家神使老母鬼作祟。呕逆寒热，手足沉重，其鬼在卧床东坐北。用白钱五张，向东南三十步送之，大吉。	初八日病者，东北得之，土地使妇人作祟。膝脚疼痛，四肢无力，乍热乍寒，饮食不思，用黄钱五张，向东北二十步送之，即安。	初九日病者，正南得之，家亲少年妇人鬼。其病呕吐，四肢无力，手脚沉重，坐卧不安。用白钱五张，向正北三十步送之，即安。	初十日病者，正南得之。其病先轻后重，手足如打，头疼，心神恍惚，乍寒乍热。不思饮食。用百钱五张，向正东四十步送之，即愈。

吞一道，大吉。	吞一道，大吉。	门上贴一道，吉。	吞一道，大吉。

中国传统术数总集 第一辑

十一日病者，正北得之，枉死妇人鬼作祟。上热下寒，呕吐酸水，沉重，不思饮食，用黄钱五张，向西南四十步送之，大吉。	十二日病者，东北得之，土地家亲作祟。先轻后重，呕吐不宁，起卧不安，四肢寒冷。用白钱五张向东北三十步送之，即安。	十三日病者，东北得之，亲男子少亡鬼与人作祟。其病霍乱，恍惚不宁，饮食无味。用黄钱五张，向正北五十步送之，大吉。	十四日病者，正东得之，家神引鬼作祟。手足冷，霍乱，坐卧不安，饮食无味。用白钱五张，向东南三十步送之，即安。
房门一道，大吉。	贴一道，大吉。	吞一道贴一道，大吉。	吞一道门上贴一道。

十五日病者，正南得之，水火二神作病。寒热沉重，呕吐心乱，不思饮食，鬼在床头坐。用白钱五张，向正南三十步送之，大吉。	十六日病者，西南得之，家亲鬼自作祟。头疼，在病人身上坐，乍寒乍热，四肢沉重。用黄钱三张，向西南四十步送之，大吉。	十七病者，在西得之，少年女子鬼作祟。其病头疼，手足如火，坐卧不宁，寒热不分。用黄钱五张，向正西三十步送之，即安。	十八日病者，西南得之。借物吃食上得，乍寒乍热，霍乱不安，吃食无味，鬼在床上东南上坐。用白钱五张，向西南四十步送之，大吉。
吞道一门上。贴一道，吉。	吞一道佩一道，大吉。	吞一道带一道，大吉。	吞一道头上顶一道，吉。

中国传统术数总集　第一辑

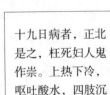

十九日病者，正北是之，枉死妇人鬼作祟。上热下冷，呕吐酸水，四肢沉重，不思饮食。用黄钱五张，西南三十步送之，大吉。	二十日病者，东北得之，土地使家亲作祟。先轻后重，呕吐不宁，起卧不安，四肢无力。用白钱五张，东北五十步送之，大吉。	二十一日病者，东北得之，家亲男子少亡鬼作祟。其霍乱恍惚不宁，起坐不安，饮食无味，用黄钱五张，正北四十步送之，即安。	二十二日病者，正东得之，井神引鬼作祟，手足皆冷，霍乱不宁，坐卧不安，饮食无味。用黄钱五张，东南三十步送之，即安。

吞一道头上顶一道吉。	吞一道门上贴一道吉。	吞一道，大吉。	佩一道，门上贴一道吉。

二十三日病者，正南得之，西冲五道山神使客死鬼作祟。睡卧不安，肚疼霍乱，饮食无味。用白钱五张，西南四十步送之，大吉。	二十四日病者，西南得之，因用牧饮食得老母不葬之鬼作病。四肢沉重，寒热呕逆。用黄钱五张，东南五十步送之，即安。	二十五日病者，正西行之，金神使老子鬼作病。头重身沉，不思饮食，其鬼在卧处外坐。用白钱七张，正西四十步送之，大吉。	二十六日病者，西北得之，北方火神使和尚家亲鬼作病。头疼，恍惚不宁，鬼在背脊上坐。用黄钱五张，西北五十步送之，大吉。

吞一道带一道，大吉。	吞一道佩一道，大吉。	门上贴一道，大吉。	门上贴一道，大吉。

二十七日病者，正东得之，东方神使小男子不合鬼作病。头疼，狂乱，乍寒乍热，呕吐恶心。用黄钱三张，正东三十步送之，大吉。	二十八日病者，正北得之，金神使家室小女子鬼作病。头发热，睡起不安，不思饮食。用白钱五张，正西四十步送之，大吉。	二十九日者病者，东南上得之，土地使家亲鬼作病。头疼，乍寒乍热，饮食无味，鬼在西南器物上坐。用白钱七张，东南三十步送之，即安。	三十日病者，东北得之，山神使男子鬼作病。头疼脑痛，恍惚不安，不思饮食。用黄钱五张，西北四十步送之，大吉。
戴头上，大吉。	吞一道佩一道，大吉。	贴床上，大吉。	佩一道，大吉。

镇诸怪符法

叩齿三通，含净水一口，向东喷之，咒曰：

"咄！赫赫阳阳，日出东方，吾敕此符，普扫不祥，口吐三昧之火，服飞门邑之火，捉怪，使天逢力士破疾，用秽迹金刚降伏妖怪，化为吉祥。急急如律令。敕！"

镇身舟车等怪符	镇器皿物具等怪符	镇衣冠靴等怪符	镇诸怪符法 叩齿三通含净水一口向东喷之咒曰 咄赫赫阳阳日出东方吾敕此符普扫不祥 口吐三昧之火服飞门邑之光捉怪使天逢力士破疾用秽迹金刚降伏妖怪化为吉祥 急急如律令勒
碌书此符压怪处吉	碌书此符压怪处吉	碌书此符佩带大吉	
镇牛马六畜等怪符	镇灶釜鼎符等怪	镇床帐枕被等怪符	
碌书此符贴怪处吉	贴厨房	碌书此符佩带大吉	

中国传统术数总集　第一辑

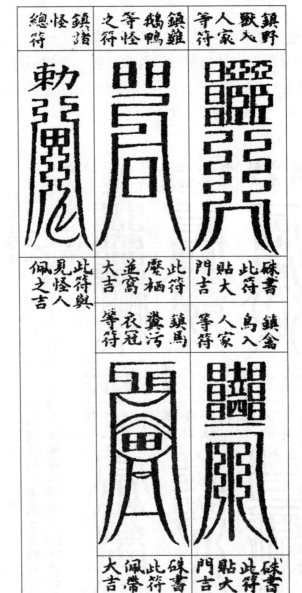

鎮野獸犬人家等符	鎮雞鵝鴨等怪我之符	鎮諸怪符 總符
硃書貼此符大門吉	歷棲此符並窩糞污衣冠鎮馬等符	此符與見怪人佩之吉
門硃書貼此符大吉	大吉佩帶此符硃書	鎮禽入人家等符鳥入人家等符

李淳风六壬时课

其法：每从"大安上起正月，月上起日，日上起时。假如三月初五日辰时，三月在"速喜"上，就"速喜"上起初一，初五在"大安"大安上起子时，数至辰时是"小吉"，就以"小吉"推占。余皆仿此。

大安：身不动时，属木青龙，谋事主一、五、七。

断曰：大安事事昌，求财在坤方。

　　　失物去不远，宅舍保安康。

　　　行人身未动，病者主无妨。

　　　将军回田野，仔细与推详。

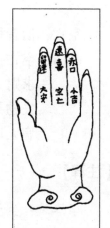

留连：卒未归时，属水玄武，凡谋事主二、八、十。

断曰：留连事难成，求谋日未明。

　　　官事只宜缓，去者未回程。

　　　失物南方见，急讨方称心。

　　　更须防口舌，人口且平平

速喜：人便至时，属火朱雀，凡谋事主三、六、九。

断曰：速喜喜来临，求财向南行。

　　　失物申未午，逢人路上寻。

　　　宫事有福德，病者无祸侵。

　　　田家六畜吉，行人有信音。

赤口：官事凶，属金白虎，凡谋事主四、七、十。

中国传统术数总集 第一辑

断曰：赤口主口舌，官非切要防。
　　　失物急去寻，行人有惊慌。
　　　鸡犬多作怪，病者出西方。
　　　更须妨咒诅，恐怕染瘟癀。

小吉：人来喜时，属木六合，凡谋事主一、五、七。
断曰：小吉最吉昌，路上好商量。
　　　阴人来报喜，失物在坤方。
　　　行人立便至，交关甚是强。
　　　凡事皆和合，病者祷上苍。

空亡：信音稀时，属土勾陈，凡谋事主三、六、九。
断曰：空亡事不长，阴人小乖张。
　　　求财无利益，行人有灾殃。
　　　失物寻不见，官事有刑场。
　　　病人逢暗鬼，禳解保安康。

【注释】

李淳风：生于公元 602 年，卒于公元 670 年。唐代历法、术数家。政州雍（今陕西省凤翔县）人。精通天文、历法、占候之术。唐太宗朝任太史令，曾为太宗破解"唐中弱，有女武代壬"之秘箓，被后世奉为神人。有《乙巳占》传世。六壬相传为李淳风所创，故称"李淳风六壬时课"六壬占法，其依据是阴阳五行学说。五行水、火、木、金、土之中，以水为首。十干甲、乙、丙丁、戊、己、庚、辛、壬、癸之中，壬癸皆属水，壬为阳水，癸为阴水，古人崇阳抑阴，故舍阴取阳，名为"壬"。六十甲子中，壬为首的干支数有六位，即：壬申、壬午、壬辰、壬寅、壬子、壬戌，故称"六壬"。

增补玉匣记 下卷 (3)

占梦择吉篇

古人云："众占非一，而梦为大。"从古至今，人人都做过梦，都有关于做梦的经历。因此，古人创造出了一种独特的解梦方法，此即梦占。

梦占乃象占的一个分支，是象占的主要组成部分。它是根据梦中所见的兆象来预测人事吉凶祸福的一种方法。绝大多数带有宿命诬的味道。

占梦术在中国可谓是源远流长，从先秦时期起，统治阶级经常根据占卜来决定政事。而作为占卜术中重要的内容，占梦术也在先秦发展到鼎盛时期。对于古人的占梦之术，我们应该予以理性的分析、合理的批判，而不能简单地全面否定。因为从某种意义上来说，中国古代的占梦活动实际上曲折地反映了中国传统文化的内容，对中国古代梦文化的研究，可以补充和丰富我们对中国传统文化的认识，拓宽我们的研究视野。

古人解梦有一套独特的理论和方法，并形成独立的占梦术，占梦术虽有迷信成分，实际中我们应当用现代心理学、精神等科学方法加以改造。

中国传统术数总集 第一辑

占梦总论

阴阳成梦

黄帝《内经》云"阴盛则梦涉大水，恐惧；阳盛则梦起大火燔灼。阴阳俱盛则梦相杀，上盛则梦飞，下盛则梦坠，饱盛则梦与，饥盛刚梦取，肝气盛则梦怒，肺气盛则梦哭。"

【注释】

皇帝《内经》说：阴气太盛，就会梦见涉越大江大河，并感到惊恐畏惧；阳气太盛，就会梦见发生大火，并感到火热灼人。阴气和阳气都盛就会梦见与人相互残杀，气盛于上就会梦见向上飞升，气盛于下就会梦见向下坠落，吃得太饱就会梦见有人给他吃食，饿得太很就会梦见有人拿走他的吃食，肝气太盛就会梦见发怒，肺气太盛就会梦见哭啼。

虚实成梦

《东莱类说》云："形接而为事，神遇而为梦；浮虚则梦扬，沉实则梦溺；寝带则梦蛇，寝巾则梦鸟，衔发则梦飞；将阴则梦水，将晴则梦火；将病则梦食，将忧则梦歌舞。"

【注释】

《东莱类说》上讲："人与人之间的人际交往构成世间的各种事情，而精神的交流形成幻梦，精神浮虚就会梦见向上飞扬，肉体沉实就会梦见向下沉溺；睡觉时身上有衣带就会梦见蛇，头上有头巾就会梦见鸟，嘴里衔着头发就会梦见飞上天空；天将阴就会梦见水，天将晴就会梦见火；将要生病就会梦见吃东西，将有忧患就会梦见唱歌跳舞。"

虚静成梦

孙真人《调神论》云："凡梦皆缘魂魄室于躯体不能流动，夜则魂魄虚静，神告以方来吉凶而梦生焉；半夜前梦其事应在远，半夜后梦其事应在近也。

【注释】

孙真人的《调神论》说："做梦都是由于精神——意念、愿望、情欲、感情等等——堵塞在躯体之内而不能流动渲泄造成的夜间人的精神清虚宁静，神灵告诉人何方有吉事、何方有凶事，于是就会做梦；前半夜梦见的事比较玄远，后半夜梦见的事比较切近。"

魂安无梦

孙真人《西山记》云："欲无恶梦者勿食本命所属及鱼鳖牛犬之肉，勿思邪淫怪伪悖逆之事，勿杀六畜，睡必首东受生气，而内外则魂安自无梦。"

【注释】

孙真人的《西山记》说："要想不做恶梦，就不要吃自己的属相生肖以及鱼、鳖、牛、犬的肉，不要想那些邪恶、奸淫、怪异、虚假等背性逆理的事情，不要宰杀六畜即马、牛、羊、鸡、犬、猪睡觉时一定要头朝东方以承受万物化育生长之精气。这样就会使

中国传统术数总集 第一辑

灵魂从内到外一体安宁而自然不会做梦。"

修德禳梦

《释典》云："四法判梦，一曰无明重习，二曰旧识巡游，三曰四大偏增，四曰善恶先兆。"《新序》云："诸候梦恶则修德，大夫梦恶则修身，如是则灾祸自散矣。"

【注释】

《释典》说："解梦方法有四个，因为梦有四种：一是愚昧昏暗之事重演，二是与旧友故地巡游，三是四大（佛教用语，指地、水、火、风）过度增加，四是善恶的预兆。"《新序》说："诸候如果梦见恶事就修养自身的德行，大夫如果梦见恶事就改善自己的政务，士人如果梦见恶事就修身洁行，这样灾祸就自会消灭了。"

集古梦兆

梦赐良弼兆

殷高宗武丁居父之丧，三年不言。夜梦上帝赐以良弼，武丁既寤，乃图形，命人遍求天下，得傅说于版筑之间，爰立为相，天下大治，殷道大兴。

【注释】

殷朝国王高宗武丁为父亲守丧，三年之内一句话也不说。有一天夜晚，他梦见天帝赐予他一位优秀的辅佐之材，他醒来之后，画出这个人的样子，命人到普天之下广泛寻找。最后在傅这个地方的某个山洞里找到了一个名叫悦的人，于是就任命他为相，结果天下大治，国家得以振兴。

梦飞熊入兆

周太公垂钓于渭滨，文王梦飞熊之兆，太史占曰："主得王者师。"文王出猎而遇太公，与之言而悦，以御车载归拜师。尚父佐武王伐纣而有天下。胡僧有诗云："岸草青青渭水流，子牙在此独垂钓；当时未入飞熊梦，几向斜阳叹白头。"

【注释】

周朝立国之前，后来被尊为太公的姜尚（姜子牙）每天在渭水之滨悠然垂钓，等待施展才干的机会，这时周文王姬昌做了一个梦，梦见一头大熊腾空飞翔。太史就此占了一卦，说："此梦预示文王将得一位赞师。"于是文王就出外打猎，最后在渭水之滨遇到姜太公，跟他一交谈，不禁大悦。就用自己的御车把他载回去。并拜他为师。文王死后，姜尚辅佐周武王出师讨伐殷纣王，从而夺取天下。胡僧为此作了一首诗，云："岸草青青渭水流，子牙在此独垂钓；当时未入飞熊梦，几向斜阳叹白头。"

梦赐兰花兆

郑文公有姜燕姞，梦天使与兰花，有国香人腹，遂生穆公名兰，享国四十余年，郑国大治。

【注释】

春秋时期，郑国国君郑文公有名宠妾叫燕姞，一天，她梦见上天派使者给她送来一束兰花，兰花奇香，有一股香气直入她的腹内，后来她就生了穆公，取名叫兰。穆在位四十余年，使郑国大治。

中国传统术数总集　第一辑

梦争太阳兆

秦始皇于御园饮宴，忽然困倦，昼寝。其间梦一小儿从东来，穿青衣，面如黑铁，向前把太阳抱住；又一小儿从西来，穿红衣，面如傅粉，叫曰："且住，不可夺吾太阳。我奉玉帝命吾掌管。"青衣子不服，连跌红衣子七十跤，红衣子跳起，只一拳打死青衣子于地。红衣子曰："他虽英雄，怎有我福分？"抱太阳便走。始皇叫曰："你姓甚名谁？"红衣子曰："吾赤帝子也。"预得此兆，江山后归于炎汉。

【注释】

秦始皇有一天在御花园中饮宴，忽然感到困倦，他就大白天睡了一觉，这中间他做了一个梦，梦见一个小孩儿从东方走来，身穿青衣，面黑如铁，上前一抱把太阳抱住；又有一个孩儿从西方走来，身穿红衣，脸白得象傅了白粉，向青衣小儿叫道："住手！不能夺我的太阳，我奉天帝之命前来，太阳归我掌管。"青衣小孩儿不服从他的命令，就跟他撕打起来，并一连摔对方七十二跤。红衣小孩从地上跳起来，上前只一拳，便把青衣小孩儿打死在地。然后红表小孩儿自言自语说："他虽然是个英雄豪杰，但是怎么会如我有福分！"始皇惊叫道："你是什么人？姓什么？叫什么？"红衣小孩儿回答说："我乃是赤帝的儿子。"秦朝灭亡之前秦始皇就事先得到了预兆，江山后来果然归于具有火德的刘氏汉王。

梦拔羊角兆

沛公为亭长时，夜梦逐一羊，拔其角，角掉，拔其尾，尾落。解曰："羊去角尾，乃王字也。"后果为汉王，以应此兆也。

【注释】

沛公刘帮做亭长的时候，做梦追赶一只羊，他拔羊角，羊角就掉了，拔羊的尾巴，尾巴就掉了。有人为他圆梦，说："羊去角去尾，乃是一个"王"字。后来刘邦果然成了汉王，应了这个征兆。

梦武曲星兆

韩信未遂志，垂钓河边，盹睡松树下，忽梦武曲星坠于身上，后果为大将军，被封为齐王。

【注释】

韩信没有得志的时候，有一天到河边钓鱼，在一棵松树下打盹，忽然梦见天上的武曲星从空中坠落到他身上，后来果然做了大将军，被封为齐王。

梦得禾失禾兆

后汉蔡茂梦取得中穗禾，复失之。郭乔卿曰："禾失为秩。得禾失之，乃秩字也，必得禄秩也。"旬日间，即征为司徒。

【注释】

东汉的蔡茂梦中得到一株结了穗子的禾苗，不料一转眼又丢失。郭乔卿为他圆梦，说："'禾'、'失'为'秩'，得'禾'失之，乃'秩'字也，必得禄秩。"不多天，蔡茂就被征召到朝廷，做了司徒。

中国传统术数总集 第一辑

梦水破天兆

王敦谋反，梦一水上破天。许负解曰："此是未字，是未可动也。"

【注释】

东晋时期，权臣王敦意欲谋反，忽然梦见一股大水冲破了天。许负为他圆梦，说："'一水上破天'，这是'未'字，千万不可轻举妄动。"

梦笔点额兆

北齐文宣将受禅，梦人以笔点额。王昙哲曰："王上加点，为主，当进位也。"

【注释】

南北朝时期，北齐的文宣帝高洋在受禅称帝前夕忽然做了一个梦，梦见有人用笔在他的额头上点了一点儿。王昙哲为他圆梦，说："'王'上加点（当时高洋是王），为'主'，你该进位为皇帝了。"

梦蛆附尸兆

唐高祖起兵，夜梦身坠床下，为群蛆所食。智满祖师曰："公得天下矣，群蛆共食，意趋附也。"

【注释】

唐高祖李渊当年起兵反隋时，夜里梦见自己坠到床下，被一群蛆吃了。智满禅师为他圆梦，说："你将会取得天下呀，因为一群蛆共同吃你，意味着天下趋附你。"

梦鹦鹉折翼兆

武后之将季也，梦鹦鹉折两翼，狄仁杰曰："鹉者，陛下之姓也。两翼，陛下子也。折翼者定无辅也，乃召帝房州。"

【注释】

女皇武则天将退位的时候，梦见一只鹦鹉折断了双翅，大臣狄仁杰解释说："鹉字，是陛下的姓呀，折断双翅，意味着无人辅佐朝廷，应该赶快把皇帝从房州召回京城。"

梦长庚入怀兆

李白字太白，始生时，母梦长庚星入怀而生，以名。长庚即太白。

【注释】

唐代大诗人李白字太白，他降生前，他的母亲梦见长庚星落入怀中，很快就生下了他，就用长庚星的另一个名称为他取名，长庚星就是太白星。

梦笔生花兆

李白梦笔生花，自是才思益进。

【注释】

李白梦中见他的笔忽然开出一支花，从此诗才大有长进。

梦虎头兆

唐李胜美拜荆州太守，忽梦己首乃虎首，次日闷坐不语。妻问曰："相公敢是梦虎头么？"胜美惊问曰："夫人何以知之。"妻曰："我昨夜梦梳头，对镜照，见妾头是虎头，妾欢之也。古云君乃龙臣乃虎，必有封赠。"不旬日，朝，果为右相矣，妻赐诰命。

【注释】

唐代李胜美任荆州太守时，忽然梦见自己的头竟是个老虎头，第二天闷坐家中，一句话不敢说。他的妻子问他说："相公闷闷不乐，敢不是梦见虎头了吗？"李胜美听了不禁一惊，问道，"夫人怎么会知道？"他的妻子回答说："我昨天夜里梦见我梳头，对着镜子一照，见我的头竟是虎头，这使我非常高兴。古语说'君是龙，臣是虎'，你一定会有封赏。"没出十天，李胜美进京朝见皇上，皇上果然封他为右丞相，赐他的妻子为诰命夫人。

梦花蛇得珠兆

隋候姓枧，字元畅，往齐，见一蛇头上有血。隋候以杖挑放水中而去，后回至蛇所，见蛇含珠来候。不敢取，及回家。夜梦脚踏一蛇，惊醒，乃得双珠。

【注释】

隋候姓祝，字元畅，有一次去齐国，他在路上见一条蛇头上有血。隋候用木杖把蛇挑起放进水里，就走了，后来返回时走到他艇蛇那个地方。见那条蛇口里含着一颗宝珠在那里等候他。他不敢去拿，等他回到家里，夜里梦见脚踏着一条蛇，惊醒之后，就得到一双宝珠。

梦吞日兆

赵洪恩妻杜氏，忽梦吞日，遂生匡胤，聪明过人，后登帝位。

【注释】

五代时期北国人赵洪恩的妻子杜氏，忽然梦见她把太阳吞吃了，不久生了赵匡胤；匡胤自幼聪明过人，后来成了宋王朝的开国皇帝。

梦邀车驾兆

宋太祖姓赵，字匡胤。少从辛文悦受学，文悦尝梦邀车驾，及见，却是匡胤。至周世祖时，管军务。世宗一日查文书，拾得一本，简上书云："点检作天子此时，张永德为点检。"世宗遂换匡胤代替，后竟受国禅。

【注释】

宋太祖姓赵，字匡胤。少年时代，他在辛文悦门下读书。文悦曾梦见邀请皇帝，一见皇帝，发现皇帝却是赵匡胤。到北周世祖时，赵匡胤掌管军务。到世宗朝，一天世宗查阅文书，从中拣出一本，见上面写着这样一句话："这正是点检（禁军统领）作天子的时机，张永德担任点检。"为了避免张永德夺权篡位，世宗赶紧任命赵匡胤为点检，让他取代张永德。后来发生陈桥兵变，赵匡胤受禅做了皇帝。

梦菜生盛兆

宋真宗策士梦殿下菜生盛与殿相齐，及折卷第一人，蔡齐也。

【注释】

宋真宗的策士梦见在金殿下种菜，菜非常茂盛，长得跟台阶一样高。当年举行科考，第一名是一个姓'蔡'的举子蔡齐。

梦手捧天兆

韩魏公梦以手捧终天，后为相，辅英宗、神宗。

【注释】

韩魏梦中用手捧住天，后来做了宰相，辅佐宋美索和宁神宗。

梦吞月兆

甄皇后母梦在花园玩景，仰面观天，忽吞一月，因而有胎，果生皇后，聪明过人。

【注释】

甄皇后的母亲梦见她在花园里玩赏景致，当仰脸观天的时候，忽然月亮坠入她的口中，被她吞了下去，于是她就怀了胎，最后生下皇后，这位未来的皇后自幼聪明过人。

梦河水干兆

宋帝有疾，夜梦河水干，忧形于色，以为人君者龙之象也，今河无水，是无所居矣。既而问诸宰辅臣，对曰："河无水，乃可字也，陛下之疾可痊。"帝欣然，而疾果愈。

【注释】

宋帝患了病，夜里梦见大河水干了，他便忧形于色，认为皇帝是龙，现在河里无水，象征着龙没地方住了。过后他就此梦向几个宰相请教，其中一位回答说："河无水，乃是一个'可'字，这象征陛下的病就要痊愈了。"宋帝一听很高兴，病果然好了。

梦头生角兆

宋郑獬梦浴于池，视臂，生白鳞，水影中见头上生角，果中状元。

【注释】

宋人郑獬梦见他在池子里沐浴，见自己两臂生了一层白鳞，看水里的影子，见头上生了两支角，后来果然中了状元。

梦添须兆

吕蒙正祖上极富，因代民输纳郡粮，被累致贫，蒙正故居破窑。一日往庙求神，拾得遗金百两，随归还失主，丝毫不取。此夜梦人神栽须兰茎。后遂及第，为参政，谥文穆公。

【注释】

北宋名臣吕蒙正祖上极为富有，后来由于代家乡农民向郡里交纳公粮，而被连累得贫困不堪，致使他只得往在破窑里。一天他去庙里求神赐福，拾得黄金百两，他很快把黄金归还了失主，分毫不留。这天夜里他梦见神仙在他脸上栽了三根胡须，后不久他参加科考考中状元，做官做到参知政事即副宰相，死后谥号文穆公。

梦奔二山兆

杨文广率师征战，被兵困在柳州三个月，夜梦奔二山。将士曰："乃出字也。"次日果出。

【注释】

宋代名将杨文广率师征战，被敌军困在柳州整整三个月。一天夜里他做了一个梦，梦见登上两座山。将士们解释说："两山乃是一个'出'字。第二天果然得以突出重围。

梦飞莺兆

岳和妻朱氏有妊，当分娩。夜梦飞莺在房顶上立，始生岳飞，后为大将，谥武穆王。

【注释】

北宋人岳和的妻子来氏身怀有孕，很快就该分娩了。夜里她梦见一只黄莺飞到房顶上，不久生下了一个男孩。这就是岳飞。岳飞后来成为大将，死后谥号武穆王。

梦日入怀兆

武帝母圣王后梦日入怀，有孕，遂生孝武皇帝。

【注释】

南朝刘宋孝武帝的母亲圣王后梦见太阳落入她的怀里，于是就怀了孕，后来生下了孝武帝。

梦神剑抉胁兆

唐肃宗吴后梦神人持剑抉胁以人，烛至其内隐，然后生代宗。

【注释】

唐肃宗的吴皇后梦见神仙拿一把利剑剖开她的胁肋钻入她的体内，察看她的隐秘之处，后来她就生下了代宗皇帝。

梦铃落怀中兆

梁任昉母昼梦五彩旌旗四角悬铃，自天而降坠。其一铃落于怀中，因而有孕。占曰："必生才子。"遂生昉。

【注释】

梁任昉的母亲在白天睡觉，梦见一面四角悬铃的五彩旗子从天降下，其中一只铃落入她的怀里，因而身怀有孕。有人就此为她占了一卦，说："你一定会生一个才子。"后来就生下了梁任昉。

梦赐狗肉兆

梁灏未入试前十日，梦一人赐狗肉一片，次日闷闷不悦。人解曰："狗即犬也，添一片字即状，必中状元也。"

【注释】

北宋文人梁灏参加科举考试前十天，梦见一个人赏赐给他一片狗冉，第二天他闷闷不乐，有人为他解梦说："狗就是犬，添一'片'字就是'状'字，这象征你一定会中状元。"

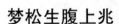

梦松生腹上兆

丁固梦松生于腹上，人解曰："拆松字是十八公。"后十八年果为兰公。

【注释】

丁固梦见一棵松树长在他的肚子上，有人为他解梦说："把'松'字拆开，就是十八公，"十八年后，丁固果然住居三公。

梦五色笔兆

江淹梦人授五色彩笔，由是文藻大进。后梦郭曰："吾笔可见还。"江淹探囊中取五色彩笔还之。自是以后，竟无美句。

【注释】

江淹梦见有人授给他一支五色彩笔，他的文才因此而大有长进。后来他又梦见郭璞（著名术士）对他说："我的那支笔可以归还我了。"江淹便从衣袋里取出那支五色笔还给他。从此以后。江淹竟再也没有写出佳句。

梦乘龙兆

丁咸未第时，梦乘龙而起，回顾又有骆驼在后，及登第，其次乃龙起骆起也。

【注释】

丁成没有科举及第时，梦见自己乘龙而起。回头看时，见一头骆驼跟在后边。等到科举及第，才发现他的后边竟是龙起、骆起二人。

梦魁星兆

方林登第前一日，梦一鬼戏一斗。寤而想之，曰：鬼边一斗是魁字也。后果中魁。

【注释】

方林科举及第的前一天，梦见一个鬼在玩一只斗。睡醒之后仔细一穗才明白：鬼边一斗是个"魁"字。后来方林果然名列第一，成为魁曹。

梦先入试兆

有士子未赴试，梦先己入场，文字撰毕，诸人始至。觉而语，妻曰："今科吾定大魁也。妻曰："非也。予不闻《论语·先进》乃第十一也？揭榜。果如其言。

【注释】

过去有一名读书人尚未去赴科兴考试，即梦见他已先进考场，试卷写完，别人才入场。醒来之后，他对妻子说："今年科考，我一定夺得第一。"妻子却说："不对。你不知道《论语》'先进'篇是第十一篇吗？"黄榜贴出，果然象她说的那样。

梦分梨兆

杨进贤任南阳刺史，登舟暮夜披风，荡舟失子，忽梦与兄弟分梨。一个解曰："主不见夫妇思慕之甚？"又令一个解曰："梨开，见子。"不数日，果见。

中国传统术数总集　第一辑

增补玉匣记

【注释】

杨进贤出任南阳刺史，乘船赴任时，夜间逆风而行，船颠簸得很厉害，致使他失去一个孩子。他忽然梦见跟兄弟分梨，一个人解释说："你没有看见你们夫妇互相思慕很深吗？"他又让一个人为他解梦，那人说："梨开，就可以见籽（子）了。"不几天，果然找到了儿子。

梦桐柱转兆

杨休之梦至一大家，见一桐柱跌为荷巢形。休之以手抱桐柱，祝曰："柱转三匝，吾位至三公。"其柱遂转三匝，后果至三公。

【注释】

杨休之梦见他到一个名门大家，见一根桐木柱子倒在地上，摔成荷巢形状休之用手抱住桐柱，祝告说："柱转三周，我将位至三公。"那根柱于就转了三周，后为杨休之果然位至三公。

梦飞燕入怀兆

张说母梦见一只玉燕飞人怀中，因而有孕，遂生张说，后为宰相。故有"飞燕投怀"之句。

【注释】

张说的母亲梦见一只玉燕飞入她的怀里，因而怀孕，接着就生下张说，后来张说做了宰相，因此史有"飞燕入怀"这一名句。

中国传统术数总集 第一辑

梦授棋子兆

李泰伯母梦二道士在户外奕棋，遂往观之。道士取局中一子授焉，遂怀孕生泰伯。

【注释】

李泰伯的母亲梦见两个道士在窗外下棋，于是就走过去观看。道士从棋盘上取一个棋子给她，随后她就怀了孕并生下李泰伯。

梦人与大秤兆

上官昭容母郑氏方妊，梦一巨人与大秤曰："恃此秤量天下。"后果秉政。

【注释】

上官昭容（婉儿）的母亲郑氏刚怀上身孕，梦见一个巨人交给她一杆大秤，并对她说："凭借这杆秤去称量天下。"后来上官昭容果然在武则天朝代执掌大权，把持朝政。

梦彩云化凤兆

徐陵母梦五色云化为凤，集左肩上，已而生陵。僧宝志摩其顶曰："天上石麒麟也。"

【注释】

徐陵的母亲梦见五色彩云变为一只凤。站在她的左肩上，不久生下徐陵。高僧宝志法师用手抚摩着徐陵的头顶说："你是天上石麒麟转世。"

梦撑铁船兆

政和年间，吉水杨某往南祠祈梦，梦神言曰："汝问功名，须待张果老撑铁船方能领荐。"既觉，自思曰："必不能也，岂有张果老撑铁船之事？"及后人闱，贡闱被火，权就寺观考试，杨某人试至于廊下，忽见壁上所画乃张果老撑铁船故事，心中自喜。后果考中。

【注释】

北宋徽宗政和年间，吉水一个姓杨的人往南边一个庙里祈神赐福，梦见神仙对他说："你求的是功名，须等到张果老撑铁船渡江才能举荐你。"醒来之后，他心里想道："我肯定不能取得功名，因为哪有张果老撑铁船渡江这种事呢？"，到后来举行科考，由于考场遭火灾而被烧毁，只得暂且借用佛寺和道观进行考试。这个姓杨的进去参加考试，走到一条走廊之下，忽然看到墙壁上有幅画，上面画的竟然是张果老撑铁船渡江的故事，心中不禁大喜。后来他果然考中了。

梦刀悬梁上兆

王浚梦二刀悬于梁上，须臾又增加一刀。李毅曰："三刀为州。又，益者明府也。"后果迁为益州刺史。

【注释】

王浚梦见房梁上悬着两把刀，不一会又增加一把。李毅解释说："三刀是'州'字（古隶书'州'字象三个刀字）。另外'益'字是说你将去何处做官。"后来王浚果然升任益州刺史。

梦神换鼻兆

徐郎中梦神人携一竹篮，其中皆是人鼻。神曰："徐郎中形貌不薄，但鼻曲而且小。遂削之于蓝中，换一鼻安上。神曰："安一正郎鼻也。"徐惊觉，取镜照之，鼻果端正且大。后历宫正郎。

【注释】

徐郎中梦见神仙携带一只竹篮，里面盛的都是人的鼻子。神仙对他说："徐郎中相貌长得不算薄气，只是鼻子太小而且鼻梁不直。"于是就用刀削下他的鼻子放进篮里，换了一个给他安上。然后神仙对他说："给你安的是正郎（六部尚书）的鼻子"徐惊醒之后，取来镜子一照，鼻子果然变得即端正又硕大。后来他真的官至正郎。

梦赐褥席兆

柳庆远兄从世隆曰："吾昔梦太尉以褥席见赐，吾遂亚台司。适又梦以吾褥席赐汝，汝他日必光吾门族。"庆远后果为开封府太守。

【注释】

柳庆远的堂兄柳世隆对他说："我过去曾梦见太尉大人以褥席赏赐我，我于是做了副宰相。刚才我又梦见我把褥席送给你，你将来一定能为我们柳氏家族增添荣耀。"柳庆远后来果然做了开封太守。

梦与帝须兆

周必大免官辞归，梦人言曰："扫雪迎宰相。"只闻其言，未见其人。忽见朱门洞开，必大竞人，见殿上一人语曰："汝貌虽陋，吾以帝须赠之。"即觉，头面俱痒，遂生美须，后居台鼎。相者赞曰："公所贵者，得此帝王须也。"

【注释】

周必大辞官去职回到故乡，梦见有人对他说："扫雪迎接宰相"只听见这个人说话，却没有见到这个人。忽然看见朱门大开，周必大就走了进去，听见殿上有一个人对他说："你的相貌虽然丑陋，我把帝王的胡须赠给你就好了。"醒来之后大觉大悟，觉得头上脸上都发痒，接着长出一脸美须。后来他官至宰辅。相面者称赞他说："你之所以高贵，就是由于有这脸帝王美须。"

梦换鬼眼兆

陶谷少时梦数吏云："奉符换眼，吏索钱十万，安第一眼。"谷不应。吏又云："若有钱五万，安第二眼。"谷不答。吏曰："止安第二眼。"遂以二丸纳入眼中。既觉，深碧。相者曰："好贵人骨气，奈一双鬼眼，不能至大位。"

【注释】

陶谷年少的时候梦见几个官吏对他说："我们能用符咒给你换眼，要钱十万，给你安第一种眼。陶谷不理睬。他们又说："如果有钱五万，安第二种眼。"陶谷仍然没有搭理他们。他们就说："只给你安第二种眼。"于是就把两颗珠子状的东西放进陶谷眼里。醒来之后，眼睛变得很深，而且发绿。相面的人见了感叹说："好一副贵人的骨相神气，无奈生了一双鬼眼，不能做大官。"

异梦纪略

华胥梦

轩辕黄帝昼寝，梦华胥氏之国，既觉悟，后天下大治，竟如华胥氏之国。

【注释】

上古轩辕黄帝白天睡觉，梦见一个称做华胥氏的国家，这里一切都很美好。醒来之后，天下走向大治，竟变得象华胥氏国一样美好。

周公梦

孔子少时，志欲行周公之道，故尝梦之。及其老也，叹曰："其矣吾衰也，久矣吾不复梦见周公！"

【注释】

孔子年轻时，立志要在天下推行周公的治世之道，所以曾经梦见周公。到了他年老时，叹息说："我衰老得太厉害了呀，我很久不再梦见周公了呀！"

庄周梦蝶

庄周尝梦身化蝴蝶，翩翩自得，遂隐而不仕，著《南华经》以喻世。

中国传统术数总集　第一辑

【注释】

庄周曾经梦见自己变成了一只蝴蝶，终日翩翩飞舞，悠然自得，于是决然隐居山林，永不做官，并著《南华经》（《庄子》），用来功喻世人。

广乐（yuè）梦

秦穆公梦至帝所，观均天广乐，帝赐以策，秦遂昌盛。

【注释】

秦穆公梦中来到天帝的宫殿，听了天上的乐曲，天帝还赐给他治国的方法，后来秦国很快就昌盛起来。

高唐梦

楚襄王与宋玉游云梦台，望高唐之观上有云气，王问曰："此是何气也。"玉对曰："昔者先王尝游高唐，昼寝，梦一妇人曰：'妾乃巫山女也，今为高唐之神，闻王至此，愿荐枕席之欢。'王因幸之。辞去而曰："妾乃巫山之阳，高唐之北，朝为行云，暮为行雨，朝朝暮暮，阳台之下。"

【注释】

楚襄王跟宋玉共游云梦台，远远望去，见高唐观上有云气缭绕，襄王问宋玉说："这是什么呀？"宋玉回答说："过去先王曾经来高唐巡游，白天睡觉的时候。梦见一妇人对他说："我本是巫山的一名女子如今是高唐之神，听说您来到这里，愿为您献上床第之欢。'先王就和她行了男欢女爱之事。她临走的时候说："'我在巫山的南面，高唐的北面，早晨是飘浮的云，傍晚是轻洒的雨，从早到晚，从晚到早，一直在阳台之下。’”

黄粱一梦

开元间，卢生因举进士落第还家，到邯郸县投入客店，煮黄粱饭吃。卢生身体困倦，思想要睡。店巾适有一道人授以磁枕，卢生舒身就枕，朦朦睡去。见朱门大户，信步而人。内有佳人相约，结婚姻成亲之事，后去赴选，得中状元，授翰林之职，与宰相李林甫不合，出为陕州知州。奉命开河有功，升为御史中丞兼征西大将军。领兵出师，得功奏捷，封为定西候，进吏部尚书。又被李林甫排陷，贬窜岭南。及林甫被诛，复诏还朝，尊为上相，加封赵国公，寿享八十有余，一病而终。惊醒来时，方知是梦。卢生叹曰："荣华富贵五十余年，不过片时。"梦里，黄粱犹未熟也。

南柯梦

贞元间，淳于棼因酒后触犯主帅，遂去官职，流荡扬州东门。居住宅旁，有古槐一株，尝与亲朋交饮其间。一日，醉卧于此，梦二使者，称是大槐安国王相邀，将公主招你做附马。顷刻成亲，出为南柯太守，在任二十多年，所生二女五男。皆配显宦②，极其宠盛。因右相妒他，在国王处说他威权太重，暂遣回家。及至醒来，乃是一梦。大槐安国就是古槐。根旁有一穴，穴内有一窝蚂蚁，国王就是蚁王，南柯郡即槐树向南一小枝也。

中国传统术数总集　第一辑

《周公解梦》全书

诗曰：

夜有纷纷梦，神魂预吉凶，庄周虚幻蝶，吕望兆飞熊。

丁固生松贵，江淹得笔聪，黄粱亚峡事，非此莫能穷。

天地日月星辰　第一

天门开贵人荐引，天光照身疾病除。

天晴雨散百忧去，天明妇人生贵子。

天门未至有兵荒，仰面向天大富贵。

乘龙上天主大贵，上天求妻儿女贵。

天上取物位王侯，飞上天富贵大吉。

登天上屋得高官，天裂有分国之忧。

天星明主公卿至，天欲晓益寿命吉。

渡天河主有所吉，天地合所求皆得。

日月初出家道昌，日月照身得重位。

日月落忧没父母，日月昏暗孕妇吉。

日月欲出有官职，日月合会妻有子。

日月衔出妈奴主，负抱日月贵候王。

乔日月当生贵子，礼拜日月大吉昌。

天公使有大吉祥，日光人屋官位至。

日初出无云大吉，日出有光有好事。

云开日出凶事散，日人怀贵子月女。

拜星月烧香大吉，云忽遮日有阴私。

星入怀主生贵子，星落有病及官事。

星列行主添奴婢，持执星宿大富贵。
流星不落主移居，巡天摩星位公卿。
云起四方交易吉，五色云主大吉昌。
云赤白吉青黑凶，见浮云作事不成。
云雾遮事事吉利，黑云至地时气病。
霜雪降主事不成，雪下及时大吉利。
雪落身上万事成，雪不沾身主孝服。
雪落家庭主丧事，阴雨晦暗主凶事。
行路逢雨有酒食，雷霆作声官位至。
雷声恐怕私居吉，雷从地震主志遂。
身被霹雳主富贵，电光照身有吉庆。
赤虹见吉黑虹凶，霞满天百事欢悦。
狂风大雨人死亡，风吹人衣主疾病。
忽大风国有号令，风如吼主远信至。

地理山石树木　第二

地动主迁官位吉，地裂主疾病大凶。
修平田地大吉昌，地高下不平主病。
卧于石上主大吉，地中黑气上主凶。
运石人家主富贵，石上得利禄大吉。
磐石安稳无忧疑，登岩抱石官职迁。
手弄小石生贵子，身人土中百事吉。
自身取土被耻辱，升山落地主失位。
上山恐怕禄位至，上山毁坏主凶恶。
游看高山春夏吉，行走土坡病患除。
居住高山有喜事，山行得财有福禄。
抱物上山孕贵子，山中农稼农食丰。
枯木再发子孙兴，堂上地陷主母忧。

中国传统术数总集　第一辑

园林茂盛大吉利，树木枯死宅不安。
林中坐卧病欲痊，树木凋零主人凶。
林中树茂生贵子，种树木者大吉昌。
登大树名利显扬，上树忽折有死伤。
与人分花主分散，枯木开花子孙兴。
大树落叶屋中吉，立树下贵人庇荫。
树生堂上父母忧，大树忽折主凶恶。
担木来家得财喜，砍伐大树多得财。
草木茂盛家道吉，门中生果树有子。
松生屋上位三公，家中生松事转丰。
家中生柏多吉利，庭前竹木喜重重。
枫生屋上百事遂，兰生庭前主添孙。
果林中行主得财，人果园中大发财。
桑生井上主有忧，果树多熟子孙安。
折笋至家女有子，见笋生子又生孙。
扫地除粪家欲破，粪土堆者钱财聚。

身体面目齿发　第三

自身白衣人所谋，梳头洗面百忧去。
身拜尊长大吉昌，身上汗出主凶恶。
身病虫出得重职，身上虫行病患安。
绳索系身长命吉，枷锁临身病欲来。
身或肥瘦皆为凶，面对官者主大吉。
露体无衣大吉利，妇人被发有私情，
头发白长命大吉，头生两角有争竞。
头痛发落皆凶事，面生黑疮主子凶。
洗手洗足旧病除，照镜明吉暗者凶。
沐浴迁官疾病除，头发白落忧子孙。

头须再生主长命，破镜照入主分散。
手足脓血冉大吉，屎尿污人大吉亨。
露头披发主人谋，披发盖面官讼至。
剪剃头发家内凶，眉与发齐禄位至。
齿自落者父母凶，齿落更生子孙兴。

冠带衣服鞋袜　第四

戴冠登车官欲迁，自戴幞头巾帽吉，
簪冠登台职位迁，贵人与之农冠吉。
新换衣冠禄位至，烧毁衣冠欲更官。
失去官帽主退职，拾得冠带禄位至。
与人公服主得职，人与公服加官职。
女着冠带主生子，洗笏染服薪官来，
执笏见贵人大吉，笏破忧凶主不祥。
与人笏绥主官迁，腰带者主官至吉。
文书用印有名声，带印主妻生贵子。
着新袍主添妻妾，着锦绣衣子孙荣。
洗染衣服皆大吉，披蓑衣主大恩至。
被油污衣大恩泽，衣服忽破妻外心。
新衣攒来百事凶，与人衣服主患至。
裁衣着孝衣皆吉，着白衣主有人请。
着黄衣皂衣皆吉，衣带自解百事吉。
着青衣神人助力，着蓝绣衣妻大利。
众人着紫主情弊，与人着青家人散。
众人着自主官事，众人着红大吉利。
妻着夫衣生贵子，女子着衫平无事。
与人共衣妻私情，失却衣服妻难产。
好被自盖得富贵，人着己衣妻有私。

得靴鞋主奴婢吉，失履主奴婢逃走。
脱鞋束带主有凶，鞋破子孙妻妾病。
着麻鞋百事和合，新授官爵主贵子。
乞得鞋履人助力，木履脱时已出厄。

刀剑旌节钟鼓　第五

君王对仗有异吉，旌旗有龙大吉利。
抱旌节主贵人扶，旌旗引入山主凶。
造旌盖主大吉利，羽盖盖身主富贵，
旗幡迎接大富贵，旗幡竟出主疾病。
手持旌节有恩赏，白盖履身大吉利。
见做新旗大吉利，与人分金主分散。
拔刀出行主大吉，得人刀主行人至。
人与三刀做刺史，与人相砍大吉利。
被刀出血得酒食，持刀刺人有吉利。
刀斧自伤大吉利，得人刀斧禄位至。
刀落水中妻妾亡，失落刀剑主破财。
带刀剑行有财利，磨刀剑锋快大吉。
与人刀剑皆主凶，剑在床头大吉利。
女人带刀大吉庆，女人拔刀主有子。
剪刀主分财之事，剪刀剪物主得财。
剪刀折股妻妾凶，甲胄庇身主吉利。
枪槊主官位吉利，见军兵败主有凶。
钟磬有声远人来，钟鼓齐鸣福禄至。
打鼓有声远人来，见鼓住声欢乐吉。
见鼓不鸣凶必至，看放烟火百忧散。

中国传统术数总集 第一辑

帝王文武呼召　第六

帝王宣召有惊喜，后妃呼召饮有疾。

太子召呼大吉利，天子赐坐有财吉。

见老君言有仙分，拜佛欲动有大财。

看太上陈事大吉，神佛哄怒皆不吉。

王侯并坐大吉利，来见贵人不得凶。

与圣贤说话大吉，使命入门大吉利。

白衣召作使死亡，拜尊长者有吉庆。

先祖考言求食吉，人云大好者即凶。

人云死者得长命，人在外呼之主凶。

我欲共汝主大凶，人云不用汝大吉。

与恶人言主口舌，被杀害吉伏藏凶。

身生羽翼飞大吉，身逃走得脱病去。

与人交易主有疾，贫穷共居主大吉。

合伴同行凶事至，一切贵人皆吉利。

宫室屋宇仓库　第七

入帝王宫行大吉，拜朝廷者主富贵。

入王侯府库大吉，行道宫见仙大吉。

坐官府中主大吉，神庙广大事事吉。

上楼阁坛主大吉，上高堂大富贵至。

高楼饮酒富贵至，家起高楼安稳事。

上城为人所拽吉，上城被执官职显。

城郭广大财喜多，城中行凶出门吉。

连城青色有喜吉，登赤城郭主大吉。

盖城上屋大吉利，上屋主富出园吉。

中国传统术数总集　第一辑

上屋破坏家道凶，堂上有棺身安乐。

正堂倒陷主家凶，复盖屋宇长命吉。

屋宅更新主大吉，风吹屋动主迁移。

迁入他人新宅吉，居田宅主妻喜事。

搬移新屋主美妻，人或典房主官位。

家道贫穷大吉利，洒扫宅舍远人来。

与卖田舍主失位，屋宅无人主死亡。

屋下穿身有暗味，逾墙渡宅险事去。

与人争屋主大凶，与妇人争屋主吉。

房梁忽折主大凶，院宅坑下主死亡。

妻男墙下官位至，墙下掘土主更改。

军人人宅主大吉，死央瓦落妻争斗。

屋中生马男信至，屋中生草家欲空。

屋上生松植益寿，修理田舍有大喜。

人寺中主生贵子，寺舍看经病人痊。

迁移尼寺主病至，起盖仓库福禄至。

入仓库中大昌吉，仓库崩坏百事凶。

门户井灶厨厕　第八

门户高大主富贵，新开门户大富贵。

门户忽开主大吉，门户大开大吉利。

门更新主生贵子，门自开妻有私情。

门户裂开主大吉，门户破坏有凶事。

城门大开主口舌，官城塞者口舌至。

门户闭塞事不通，门户财坏主大凶。

门扇自折奴仆走，门户内无人大凶。

修移门户大吉利，石为门户主寿命。

门前生洲作刺史，门前坑沟事不成。

天火烧门主凶事，屋开小门主私情。
穿井见水远信至，井自损坏家大败。
井中沸溢主得财，井枯涸者家败散。
井中照身禄位至，身坠井中疾病凶。
屋在井中主儿病，取井水清吉浑凶。
井中负泥出主财，井中欲干家欲破。
井在有鱼身主贵，窥井有声口舌生。
伏藏井中刑狱事，坠落井中官信至。
家住井中长子凶，人云出井喜气生。
淘井造井主人贵，器皿落井有急事。
灶下水流得横财，灶下燃火有名声。
灶釜破破主死亡，灶下炊者家破财。
灶下器鸣主口舌，屋有二灶事不成。
修造厨灶大吉利，在官厨中禄位至。
自炊臼中妻妾亡，淘厕者主得横财。
上厕在屎尿中吉，厕中尿溢大吉利。
粪中坐者主大凶，粪土堆积主得财。

金银珠玉绢帛　第九

金银宝者主富贵，金银珠玉大吉利。
金银杯皿有贵孕，金银作铛器大吉。
玉积如山大富贵，得金玉环生贵子。
铜铛主有口舌至，珠玉满怀主有凶。
得玉碗器物皆吉，见铁器物主得财。
铝与锡者主得财，得铜物主大富贵。
镶嵌器物疾病去，还人钱物疾病去。
拾得钱物皆大吉，钱春夏吉秋冬凶。
家中分财人离散，赠彩帛者主有权。

中国传统术数总集　第一辑

贵人赐绫绵官至，人赐绢帛大吉昌。

与人丝帛大凶恶，得他人麻布衣凶。

得布帛者远亲来，与人衣服官事至。

寻丝帛主进入口，纺绩者主寿命长。

经络者主被人辱，箱器主口舌之事。

镜环钗钏梳篦　第十

镜明者吉暗者凶，拾得镜者招好妻。

将镜自照远信至，镜照他人妻妾凶。

得他人镜生贵子，他人弄己镜妻凶。

镜破主夫妇离别，金钗动主远行事。

金钿成双增爱妾，钗钏相敲妻必凶。

金钗耀主生贵子，花钗妻妾有奸情。

银钗夫妻主相殴，花压妻妾生外心。

人与梳篦得美妾，牙床梳旧事尽去。

见篦子贵人提携，得篦子者美女至。

刷牙者病患不生，得胭脂粉主生女。

见脂粉主大财利，得粉扑妻生娇女。

手帕者主口舌事，得针线者百事就。

床帐毡褥匙筋　第十一

床帐改主官迁移，舒展床帐大富贵。

新安床帐远人来，床帐出门者妻亡。

床帐改换移居吉，床上有蚁主不祥。

床帐破损妻欲亡，开帐幔主有酒食。

帐幔坏者妻有病，床脚新换奴仆凶。

上床卧者大凶恶，血在床妻妾有奸。

洗床帐则主大吉，荐席入吉出则凶。
破席者主失官位，换席人吉出则凶。
席荐者主有力助，毡褥铺陈万事稳。
毁帘幔者妻有奸，新帘者主得好妻。
铺席合坐得官位，好被自盖主大吉。
见好枕有贵人扶，见手帕者有口舌。
手中绢布病患至，毛扇忽持官事吉。
鼎鼐者主得大财，釜溢者主得太财。
玉石器主有人助，铜铛者主有口舌。
锅铁破主有丧事，铛盏破主有恶事。
磁碗者主酒食至，磁碟者主口舌至。
匙主益妻妾子孙，筋主益田宅奴仆。
盆主益仓库大吉，掇盆脱底主财散。
火盆瓮器大富贵，洗面盆者美妾至。
大上盆者主团园，得盆子者所求得。
桶盛水者主大吉，桶无水者主大凶。
人送大桶主得财，桌架于宅事不成。
锯主有断决之事，碾衣石移居大吉。
锤钻者主侵害事，锤欲举动有人扶。
凿主被人驱使吉，熨斗盛火好事成。
熏笼者益增产业，人与秤者主权位。
绳索主长命大吉，绳索断者主凶恶。
人与凿者得拾金，人送帚者主得位。

船车游行物件　第十二

船飞行主大富贵，船浅在岸是非厄。
乘船渡江河得官，船中有水主得财。
乘船看日月大吉，乘船过日月主富。

乘船饮酒远客至，与人同船主移居。
乘船风帆大吉利，乘船见船主安稳。
乘船桥下过大吉，病人乘船必主死。
助父乘船官位至，身卧船中主有凶。
执火入船主大吉，家巾乘船主没财。
乘船看花酒食至，船车破碎主不祥。
车轮破夫妇相别，车轮折倒主破财。
车载不起厄事去，驾车游行禄位至。
车行主百事顺利。车不行所求不遂。
车入门主有凶事，病人上车主大凶。
丧车过者主灾散，行车自马主大吉。
四马驾车吉反凶，以羊驾车事不常。
备马者主远行事，远行出人命通达。

道路桥梁市集　第十三

见四路通名利遂，道中得财主通达。
道泥荆棘事不成，大道崩陷主财凶。
修桥梁者万事和，见渡船主有官事。
桥上坐主禄位至，见桥坏主有官事。
携手上桥妻有孕，桥上呼唤讼得理。
新造桥者大和合，桥断者主有口舌。
桥柱折者子孙凶，桥路上住车皆凶。
夫妇人市主置产，见市中无人主凶。

夫妇产孕交欢　第十四

夫妻宴会主相别，夫妇相骂主病疾。
夫妻分钗主离别，夫妻相打欲和会。

中国传统术数总集 第一辑

同妇人行主失财，抱妇人主有喜事。

与妇人交有邪祟，与妇人共坐大吉。

抱夫主得大财喜，妇人与夫人水吉。

夫妇各与梳头吉，夫妇相拜主分别。

交接男子主失财，妻着锦衣生贵子。

妻有孕主外私情，见妇人阴主口舌。

妇人赤身主大吉，男子裸体命通达。

兄弟分别口舌至，抱小儿女主口舌。

小儿死者主口舌，新生男女主大吉。

见嫁娶及孝主凶，男子化为尼姑凶。

饮食酒肉瓜果　第十五

人请饮酒主长命，与人饮酒有口舌。

与人吃宴富贵至，筵会客人家欲破。

饮酒者主哭泣事，饮酒至醉主疾病。

贵人赐宴主疾病，与贵人相饮大吉。

人请吃酥酪主喜，与人吃乳尊亲至。

与人吃蜜大吉利，呕吐者病人主痊。

食水者主得大利，死人食者主疾病。

食牛肉于堂上吉，食犬肉主有争讼。

食猪肉主疾病至，刀割猪肉主生病。

食生肉凶熟肉吉，食自死肉主别离。

食鹅肉主妾疾病，食鸡鸭等肉皆吉。

食馒头主口舌散，见馒头未食主气。

食烂瓜主生疾病，食饼食饭心不遂。

食瓜子主生贵子，食柿食柑主疾病。

食薄桃离而复合，食枣者主生贵子。

食桑椹主生贵子，食栗者主有分别。

中国传统术数总集　第一辑

食梨者主失财帛，食一切果者凶至。

食茄者主妻有子，食葱韭者主有争。

食韭者有重丧至，食蒜者主灾害事。

食菜者见菜黄凶，食油盐酱醋豆吉。

冢墓棺椁迎送　第十六

冢墓高者大吉利，新冢棺椁主忧除。

冢墓上有云气吉，冢墓门开百事吉。

冢墓上明吉暗凶，冢墓生树吉折凶。

冢墓上开花大吉，墓巾棺自出大吉。

将棺人宅禄位至，死人出棺外客至。

开棺与死人言凶，棺敛死人主得财。

见棺水上大得财，空野无人主远行。

文书笔砚兵器　第十七

各色经书大富贵，五色纸者大益财。

吞五色纸诗书进，几上有书禄位至。

读书文写字大吉，有人教书大富贵。

见读书者主聪明，观人读书生贵子。

得日历者中黄甲，封书信者主通达。

手弄笔砚主远信，人与墨者文章进。

人将己笔文章退，他人送笺主才进。

君王队全有异名，得犬赦者宅台凶。

就人卜易主疾病，受人纸钱主大吉。

公座移动主迁官，受职上官财物来。

佩印公爵主大吉，佩印执笏主移居。

佩印信者主名誉，印绶改迁生贵子。

棋子主添丁进口，打球者主得虚名。

兵马人城禄位至，率众破城所求得。

在军阵中主大吉，将卒重行主喜事。

征人初出事未成，征人回者主疾病。

见军兵败主凶事，己射人必主远行。

人射己有行人至，持弓矢者主大吉。

挽弓断弦主凶恶，人送弓弩得人力。

弩铖难上兄弟散，弓弩相斗主争论。

戈铖有光禄位至，披甲仗剑得高官。

衰乐病死歌唱　第十八

与人哭泣有庆贺，放声大哭欢乐生。

身着孝服官禄至，远人来悲泣主凶。

床上哭泣主大凶，见歌舞者口舌至。

家中欢喜百事吉，怀中琵琶得人力。

旁人与笛有名声，与人拍板有口舌。

堂上歌乐主丧事，吹笙者主有更改。

吹笙打喜有吉庆，他人作乐讼有理。

露齿器者有争讼，病卧为人扶加官。

病重者主有凶事，自身疾病主有喜。

病人歌唱主大凶，病人哭笑疾病除。

病人起者必定死，病人装车必死亡。

死人哭泣有口舌，死人立者主大凶。

死人哭坏主得财，死人复活主有信。

见人死自死皆吉，子死者有添喜事。

见先亡尊长大吉，问吊他人主生子。

中国传统术数总集　第一辑

佛道僧尼鬼神　第十九

诸佛菩萨大吉利，法师登座主疾病。
老君真人皆主吉，画神佛者得人钦。
看神佛者妻有子，佛共人言有福助。
入神庙神动大吉，造幡盖者大吉利，
僧师教人念经吉，道女士冠言语吉。
和尚尼姑看经闷，被神鬼打不吉祥。
堂上神佛大吉利，神佛不成行大凶。
烧香礼拜皆大吉，迎神赛社有外财。
仙圣到家福禄至，与鬼斗者主延寿。
祭祀神道大吉利，身受戒行者子孝。
与神女通得贵子，与尼姑交主失财。

被害斗伤打骂　第二十

被人杀害者大吉，杀死他人大富贵。
持刀自杀者大吉，杀人血污衣得财。
被刀刺尖得快利，持刀相杀见血吉。
被刀伤出主大吉，砍刺见血主大吉。
炙身见血流大吉，刀斧自伤主大吉。
持刀砍人自失力，人砍头脑有大名。
断头而行主大吉，被人打者主得力。
被人脚踢主得财，打妻妾者主失力。
被妻妾打者主凶，女人相打主病至。
兄弟相扣大吉利，家人争斗主分散。
看见杀人主大吉，被人签刺大吉昌。
手指折者主子病，向人叩头百事吉。

与人相骂者主吉，被骂佯颠大吉昌。

被人凌辱主得财，杀猪豕者大吉利。

杀羊打羊主病凶，杀虎豹主得重印。

杀牛鹿者大吉利，杀牛食肉主吉利。

杀驴骡马主酒食，杀龟者主有丧事。

杀鸟雀妻妾灾凶，杀鸡鹅鸭主大吉。

捕禁刑罚狱具　第二十一

牢狱崩坏有赦吉，坐狱中必有恩赦。

入狱受灾主荣贵，狱中死者官事散。

使人入狱得财吉，入牢狱主有大贵。

盗贼自入狱大凶，牢狱污臭百事吉。

罪人走脱疾病去，赶贼行见者大凶。

枷锁临身疾病至，枷锁折损口舌散。

枷锁入宅主大凶，绳索系身大吉利。

身披罗网主官事，被罗网罩主酒食。

被人决罚禄位至，被人作贱者主吉。

被人绑住疾病至，被官打身主孝服。

自以杖决耻辱生，枷锁帛布主分散。

人官词讼主大吉，邀人人官主酒食。

吏引入司主大吉，为吏所录有急事。

贵人走马官事明，杖讯杖责主大贵。

田园五谷耕种　第二十二

田中生草主得财，种田宽大有禄位。

自种田禾主出行，见种田者禄位至。

教人耕种远行至，使人种田地大吉。

买人田宅主进职，身在禾中大吉利。
破败田地主大吉，割收田禾家已安。
屋上生禾官位吉，见禾丰熟富贵长。
见麦稻主得大财，粳糯米者主大吉。
五谷茂盛主得财，谷穗齐秀大吉利。
米谷堆地散主凶，大小麦主妻私心。
大豆苗叶子孙凶，米麦相排大吉利。
坐卧米中主大吉，手中把谷主福禄。
得米谷者主大吉，得禾失禾主得秩。
粟米必有献物至，种禾主长命大吉。
乔麦面饼官事至，面糠相交家欲俭。
酒曲必主枉屈至，葫芦者主恶事连。
麻缠身者立疾病，麻生如林大吉利。

水火盗贼灯烛　第二十三

水上行者主大吉，水上立者主凶事。
水流洋洋有新婚，水上火出主大吉。
自在水中大吉利，自落水中不出凶。
饮水不休得大财，流水绕身有狱讼。
大水澄清大吉利，人家有水儿子亡。
江海涨漫大吉昌，河水砂石益文章。
火烧日月大人助，火烧河水长命吉。
火烧山野大显达，火烧自身主兴旺。
火焰炎炎主发财，火从地生疾病至。
执火乘行官位至，大火烧天主国安。
身在火中贵人扶，火烟黑色主疾病。
把火行路大通达，把火烧井主病至。
宅中火光大吉利，厨中火出有急事。

听选燃火作明府，烧人臭秽主大吉。
见烛者主发大财，灯烛光明大吉利。
众人围炉和合吉，恶人相引疾病至。
赶贼入市不出凶，强贼入宅主家破。
与贼同行大吉利，己身作贼所求得。

垢污沐浴凌辱　第二十四

屎尿污身主得财，大便满地主富贵。
处厕中得官禄位，落厕出吉不出凶。
厕屋上卧主得财，厕中干者主家破。
架厕屋中有财喜，挑粪回家太吉利。
在泥中所求不成，失大小便主失财。
泥污衣裳主产凶，泥污农衫主身辱。
男女沐浴上床凶，沐浴尘土疾病安。
洗头迁居疾病除，被辱骂惹人词讼。

龙蛇禽兽等类　第二十五

乘龙入水主贵位，龙眠水中求事遂。
龙当门者大吉昌，龙死亡者失贵位。
乘龙上山所求遂，龙入井中官被辱。
龙飞有官位大贵，乘龙入市主贵位。
龙蛇入门主得财，龙蛇入灶有官至。
蛇化龙得贵人助，妇人见蛇生贵子。
龙蛇杀人主大凶，蛇咬人主得大财。
蛇入怀中生贵子，蛇行水内主迁荣。
蛇随人去妻外心，蛇入谷道主口舌。
蛇绕身者生贵子，蛇多者主阴司事。

中国传统术数总集　第一辑

蛇赤黑口舌青吉，蛇黄白主有官事。

凤凰主有贵人助，凤集掌上母病至。

孔雀者主大吉利，鹤上天主小口灾。

鹤鸣者禄位大显，鹤人怀中生贵子。

鹤驾车主征伐事，放鹤者主得财吉。

孔雀飞舞有文章，鹦鹉妇人主口舌。

鸳鸯散去主妻凶，凫人宅主有大凶。

驾鸥者主禄位至，鸠鸽者妇人有喜。

燕飞入怀妻生子，燕子至有远客来。

空中鸟鸣主妻亡，飞鸟人怀皆主吉。

捉住飞鸟远信至，雀鼠争斗有官事。

鸦雀相噪主酒食，鹅鸭同游添好妾。

鸟赴蛇来人引荐，洗鸡得官鸣口舌。

鸡抱卵主有大喜，鸡在树上主生财。

麒麟者名振天下，白象江中官位至。

狮子吼叫名声振，猛虎大吼主得官。

骑虎行者无恶事，虎入宅中官位重。

虎狼不动见官吉，豺狼恶狗有盗贼。

狼咬脚者主不行，骆驼豹豸得重位。

熊罴主身生贵子，獐鹿在家得官禄。

群兔上天得贵位，活兔在园百忧去。

猫捕鼠者主得财，白兔引路人提携。

鼠咬人衣求所得，鼠大走主有喜事。

出猴主有争讼狱，自猿主得禄位至。

牛马猪羊六畜　第二十六

黄牛来家主富贵，水牛主先祖索食。

牛上山坡大吉昌，牵牛上山主富贵。

牛角有血主三公，牛触人凡事不成。

牛出门好事立至，水牛来家主丧事。

牛生犊所求皆得，骑牛入城有喜临。

牵牛羊来家欢乐，马舞庭前凶事散。

马行千里大喜至，乘马快吉钝主凶。

走马来往文书事，马人室主奸情事。

马驮钱物失禄位，披衣放马皆喜事。

群马奔走百凶解，罪人走马厄事去。

被马咬有禄位至，乘白马者主疾病。

骑驴骡主得财吉，杀猪吉猪自死凶。

羊作豕行行人至，骑羊上街主得财。

猪豕变人官事至，猪羊搔痒主得财。

子母羊益命大吉，犬吠主鬼来求食。

犬咬人主失财凶，屋中生马主大吉。

龟鳖鱼虾昆虫　第二十七

龟入井宅主富贵，龟蛇相向主生财。

见龟者主女人贵，捉龟者主丧事至。

见鳖者主有得财，鱼飞水上百事散。

井内有鱼迁官至，张网捕鱼大吉利。

人捕鱼作食皆吉，抢鱼拾鱼主小疾。

水中钓鱼大吉利，林中鱼猎事无成。

群鱼游水主有财，鲤鱼妻有孕大吉。

大鱼扬动主声名，小鱼生子大吉利。

干鱼下水命复活，虾变鱼主失财利。

身坐鱼虫病患除，螃蟹主百病消散。

虾蟆鸣走有口舌，水蛭主女人失财。

螺蛳主在外不利，蛤蜊主老来生子。

飞蛾入灯他人败，蚕飞不茧主小吉。
蜂蜈交战事不成，蜂螫人脚有财喜。
螳螂作堆主失财，蜻蜓对飞美人来。
促织声繁有小恼，蝙蝠群飞阴事良。
蜈蚓主田宅大吉，蚊子咬人主有失。
蝇污人衣必有谗，蝼蛄主有不明事。

【注释】

　　梦文化是中国古代文化中不可缺少的重要组成部分，虽难登大雅之堂，但在民间却流传甚广。《周公解梦》即流传在民间的解梦之书。此书最先在《宋史·艺文志》中著录。版本颇多，文字次第各异，作者不详，题为周公，但不可考究。多认为后人借周公姬旦之名而著。书中列举种种梦境，并对梦预测吉凶，有一定的使用性和偶然性。在术数史上，关于解梦术的传承体系很少，但又因梦文化在民间甚为流传，并能从梦中预测吉凶，深受大家的喜爱。至于可信不可信，就像我国正在从现代科学角度来研究中医，虽然不能用现代的数据模式来证明中医符合现代的科学，但是，中医是存在实用形科学。可能解梦文化也是这种不断的实践得到经验，而进行的一种智慧升华。

中国传统术数总集 第一辑